El Oro de la Viuda

Kevin Ernenek

Primera parte

Esta historia comienza en un bosque con un clima tan frío y seco que cala los huesos, incluso, a veces, hay dolor en la nariz tan solo de respirar aquel golpe de frialdad junto con un aroma de pinos y encinos de montaña, las orejas y mejillas se enfrían cada vez que el aire pega contra la cara, la presión que hay en todo el cuerpo es muy superior a la de cualquier otro lugar debido a la altitud, por lo tanto, una persona se puede sentir más fatigada que de costumbre y sus oídos se pueden tapar, estas son algunas de las fascinantes sensaciones que se experimentan en los bosques del estado de Hidalgo, México. La historia que vivió la familia Herrera en una visita a uno de estos bosques cambió su vida por completo.

El señor Jacobo Herrera, padre de tres hijos: Julia, Eric y Carlos, estaba casado con la señora Ana Cortez, eran una familia de clase media y vivían al día sin ninguna clase de lujos, ellos rentaban una casa en el Estado de México, a cuarenta y cinco minutos de los bosques de Hidalgo yendo en auto, al lado de ellos vivía la abuela del señor Jacobo en un pequeño departamento. El señor Jacobo se dedicaba a la compra y venta de refacciones para autos en la Ciudad de México, su esposa era maestra de preescolar.

Los Herrera solían visitar, al menos dos veces al año, el rancho del señor Daniel Ventura quien era tío del señor Jacobo, el rancho, ubicado en los bosques de Hidalgo, también conocidos como El Chico, tiene una casa que hasta la fecha continua abandonada, al igual que el mismo rancho, el tío Daniel solía habitarla hace muchos años, más tarde, se mudó a la ciudad de Pachuca donde tenía un edificio de cuatro pisos con dieciséis departamentos que él rentaba, según lo que contaba la familia, en su juventud el tío Daniel se dedicó a ahorrar por años dinero que ganaba sirviendo pulque en ciertas cantinas y con el paso del tiempo llegó a comprar una propiedad de más de cuarenta hectáreas ubicadas en El Chico. Fue allí donde construyó el rancho y una casa estilo colonial.

El buen tío Daniel, quien era de avanzada edad, era reconocido por su apariencia de vagabundez, aunque pudo haber comprado buena ropa, él solo se limitaba a usar dos mudas del diario, por lo tanto, al acercarse a él inmediatamente se sentía un golpe de hediondez. A juzgar por su olor, pareciera que llevaba semanas sin darse un baño. Siempre vestía un suéter de una tela tan gruesa que los hilos parecían como de mecate. Cuando el tío Daniel visitaba a su madre, quien vivía con los Herrera en el Estado de México, es decir, la abuela del señor Jacobo, él le llevaba huevos de codorniz cada vez que la visitaba. A pesar de ser un hombre muy solitario, no se volvió amargado, siempre era amable con todos y una persona muy paciente, estaba lleno de secretos; nunca hablaba de lo que hacía, al conversar con él, evadía el tema de sus actividades y solo preguntaba por los demás; sus esporádicas visitas no pasaban de más de dos horas y solo quería estar con su madre.

La casa del rancho tan solo la habitó por diez años, junto con sus dos hijos varones; por lo que se sabía, el tío se había divorciado a los dos años de casado, quedándose con la custodia de sus hijos, ya que su mujer se había ido con otro hombre.

Cuando sus hijos se mudaron a la Ciudad de México a estudiar en la universidad y posteriormente a trabajar, el tío Daniel se quedó solo, así que decidió salirse del rancho y mudarse a la ciudad de Pachuca en uno de los departamentos de su edificio. Nunca se volvió a casar ni a tener la compañía de nadie en su casa.

El tío Daniel nunca tuvo problema alguno con que su sobrino Jacobo y su familia visitaran el rancho y los alrededores del bosque que eran de su propiedad, incluso, Jacobo era el único de sus sobrinos que tenía la llave del rancho, la única cosa que el tío les había prohibido era entrar a la casa que permanecía abandonada debido a que estaba infestada de ratas y había esparcido veneno por todos lados.

Fue un día viernes 16 de octubre de 1987 por la mañana cuando la familia Herrera decidió visitar el rancho del tío Daniel para acampar allí el fin de semana y regresar a casa el domingo por la tarde, ya que el lunes sus hijos tenían que ir a clases. Ese día viernes faltaron a la escuela para poder salir temprano, era la primera vez que acamparían en el bosque a unos metros del rancho del tío Daniel. Poco antes de llegar al rancho, tenían vistas impresionantes desde arriba de la montaña; en este lugar existe un paisaje único de la ciudad de Pachuca al ir subiendo por la autopista que, hasta la fecha, también conduce a un pueblo llamado Mineral del Chico. Consiguieron una tienda de campaña muy grande donde los cinco cabían perfectamente. Al llegar al rancho, todo era felicidad para los hijos del señor Jacobo: Eric y Carlos se olvidaban del frío y descendían una colina corriendo hasta llegar al lugar donde hacían la fogata, todo a su alrededor eran árboles gigantescos, matorrales, sombras y escondites que solo un bosque ofrece. Debido a sus anteriores visitas a este lugar, aún quedaban los asientos improvisados con troncos para sentarse en esa área donde el señor Jacobo a menudo asaba carne y calentaba agua para los que tomaban té o café. Don Jacobo conocía muy bien todo este territorio, ya que, en su infancia, su padre los llevaba a él y a sus hermanos al rancho, donde llegaron a convivir con los hijos del tío Daniel.

Al medio día, después de acomodar las cosas donde acamparían, don Jacobo les preguntó a sus hijos dónde querían ir primero, si a la cascada, el ojo de agua o las peñas donde había una casa abandonada, todos esos lugares internados en el bosque, eran los clásicos tours que don Jacobo hacía a los conocidos y amigos de la familia que los acompañaban en las excursiones al bosque. A sus hijos siempre los guiaba por aquellos lugares buscando algo nuevo, algo diferente de las otras veces que ya lo habían visitado para hacer del paseo algo aún más interesante.

Después de que los Herrera recorrieron estos lugares ese día viernes, llegaron agotados y ansiosos por cenar los pastes que habían comprado en el camino, y la señora Ana no podía perdonar su café, armaron la tienda de campaña y prepararon sus camas con varias cobijas y colchas para no pasar frío. Al oscurecer, Julia y Eric encendieron la fogata para aprovechar la oportunidad y preguntar a su padre algo sobre el rancho del tío Daniel, este les advirtió que la historia podría ser un poco perturbadora y que no se haría responsable en caso de que alguien no pudiera dormir; nadie dijo que hubiese problema alguno, así que comenzó a relatar:

—En una ocasión que vine al rancho, yo solo, me quedé en la casa de mi tío Daniel, con él y con sus dos hijos, Martín y Víctor, en aquel entonces yo tenía dieciséis años, al igual que mi primo Martín, y Víctor, creo que tenía quince, ese día llegué en la mañana a Pachuca y el tío Daniel me recogió en la estación de autobuses en su camioneta pick-up del año de la revolución para llevarme al rancho, Martín y Víctor iban atrás en la cabina así que me subí con ellos. Unos metros antes de llegar al rancho, sobre la carretera, mi tío frenó en seco y debido a que íbamos recargados sobre el cristal trasero nuestra nuca rebotó contra este, al levantarnos para ver qué había ocurrido, estaba el cuerpo de un hombre tirado en medio del camino, el tío Daniel bajó de la camioneta, se quitó su sombrero, suspiró y con un rostro lleno de terror y angustia nos pidió que continuáramos a pie hasta la casa. Camino a la casa le pregunté a Martín si sabían de quién se trataba, pero ellos tampoco lo sabían. Oscureció y el tío no llegaba. Esa misma noche yo no podía dormir, me quedé en la habitación de mis primos en una vieja hamaca, ellos dormían profundamente, pero yo escuchaba el viento silbar y golpear la ventana, que tenía una vista impresionante, que daba a una pequeña represa que desembocaba en un riachuelo; la luz de la luna permitía ver el movimiento del agua ocasionado por el viento.

Trataba de pensar en algo que me tranquilizara, pero venía a mi mente la imagen de aquel cuerpo que habíamos visto en la entrada del rancho. Comencé a sentirme inseguro a pesar de que estaba en casa de mi tío. Recuerdo que tenía mucha sed y decidí ir a la cocina por un vaso de agua, la casa tenía un porche donde había una banca hecha de madera y, desde la cocina, este se veía a través de la ventana, había un jardín adentro de la casa donde mi tío había sembrado árboles y flores, este jardín no tenía techo y así permitía que la luz de luna alumbrara todo aquel pasillo que conectaba la cocina, entrada al comedor y habitaciones. Mientras yo bebía agua, vi por la ventana la silueta de alguien con sombrero, me espanté tanto que tiré el vaso de cristal en el piso, al oír el escándalo, mi tío gritó desde el porche: «¡Quién anda allí!».

»Me tranquilicé al escuchar su voz y le contesté que era yo, después de limpiar el desorden me senté junto a él en el porche y le pregunté qué había pasado con aquel hombre, dijo que no tenía nada de que temer, que se trataba de alguien del pueblo que solo estaba ebrio. Aprovechando el momento, le pregunté sobre mi bisabuela y cómo sobrevivió en tiempos de la revolución, mientras él hablaba, alcancé a ver un punto de luz entre los árboles y aquella penumbra a unos trescientos metros, quizás exaltado, lo interrumpí para señalarle la luz, se levantó de la banca súbitamente y me ordenó que me metiera a la casa de inmediato y que despertara a mis primos para que

13

se aseguraran de cerrar las puertas con llave y que por ningún motivo nos asomáramos. Lo esperamos por más de dos horas hasta que nos venció el sueño. A la mañana siguiente, mi tío estaba en la cocina preparando el desayuno mientras platicaba con dos hombres, al parecer, no muy amistosos; mis primos y yo escuchábamos su conversación desde la puerta de la habitación. Recuerdo que hablaban de las minas y rumores del pueblo de San Cayetano, un pueblito que se encontraba a unos kilómetros del rancho, realmente no comprendíamos qué estaba pasando. Como moríamos de hambre, salimos de la habitación a desayunar, saludamos a estas personas y nos sentamos al comedor, mi tío nos había preparado unos exquisitos huevos estrellados con salsa verde y frijoles, acompañados con café de olla y tortillas hechas a mano, el mejor desayuno que recuerdo. Estábamos tan hambrientos que olvidamos preguntarle a mi tío por qué había tardado tanto tiempo la noche anterior en regresar. Mientras mis primos y yo desayunábamos, el tío Daniel estaba despidiendo a aquellos hombres afuera de la casa y entonces escuché el ladrido de un perro que se volvía cada vez más insistente, y sin haber terminado de comer, salí para buscarlo, mi tío gritaba desesperadamente que me metiera a la casa de inmediato, no lo obedecí y al salir de la casa alcancé a ver al perro ladrando y correteando la carreta de los dos hombres que iba a toda prisa con un bulto de sabanas bañadas en sangre en la parte de atrás, yo era muy joven, pero sabía que ese perro no pertenecía a esos hombres por su manera de ladrarles, al regresar a la casa, mi tío estaba furioso y me preguntó qué fue lo que vi, al sentir su enojo, preferí no decirle la verdad y le dije que solo alcancé a ver al perro que ladraba de lejos, dándome una palmada en la espalda y con un suspiro de tranquilidad, me dijo con cariño: «Hijo, hazme caso cuando te hable, sé que tú eres obediente».

»El resto de mi estancia en el rancho la pasé de maravilla con mis primos y con el tío, pero nunca olvidaré esa imagen en la carreta. Mi padre dice que pudo haberse tratado de animales muertos, quizás una res o un puerco, en fin, niños. Esa es la historia de esta noche para que tengan lindos sueños —dijo sarcásticamente don Jacobo—.

Al finalizar su historia, se metieron todos a la tienda para dormir, a pesar de que la tienda de campaña era de buena calidad, no era inmune a aquel intenso frío, Eric tomaba sus pies con las manos para calentarlos. Era la primera vez que acampaban en el bosque y los ruidos de insectos en el exterior de la tienda, además de los ronquidos de Julia no dejaban dormir a Eric, pero no era el único que no podía dormir, al parecer, don Jacobo se giraba de un lado a otro tratando de encontrar una posición más cómoda sin resultados; Eric, al darse cuenta, le preguntó a su padre qué proponía para poder dormir y, mirándolo un tanto loco, don Jacobo le dijo:

—Tal vez una caminata en el bosque nos vendría bien.

Eric veía que su padre buscaba algo tratando de no despertar a los demás, finalmente encontró su linterna y le dijo a Eric:

—¿Qué esperas? ¡Abrígate y ponte zapatos!

Así que Eric lo siguió. En ese recorrido, Eric contempló las estrellas más claro que nunca en su vida, aquella vista parecía sacada de un sueño, tenían en el horizonte una extensión plana, rodeada de pinos gigantescos que se veían tan oscuros y siniestros, y el firmamento sin ningún rastro de luz artificial y sin nubes inoportunas. A diferencia de una ciudad, la cantidad y el tamaño de las estrellas cambia totalmente en una montaña a la media noche. Eric continuó caminando con su padre con dirección a la casa abandonada del rancho. Habían caminado varios metros desde el campamento cuando el señor Jacobo le dijo a Eric que debían regresar. Eric insistió en que debían, al menos, llegar a la casa abandonada del rancho y, después de esto, regresar a dormir, don Jacobo estuvo de acuerdo, así que caminaron hasta la casa.

La luz de la luna les permitía ver el camino colina arriba, al llegar, don Jacobo comenzó a recordar cuando la casa estaba en perfecto estado, pintada de blanco y los interiores coloniales tan impecables y acogedores; ahora, la pintura se había caído y manchado por la humedad y los muros se habían cubierto de moho en su mayoría.

Sintió tanta curiosidad, que intentó en ese momento hallar la manera de entrar a la casa para ver el interior. Con ayuda de su linterna revisaron todas las ventanas, pero estaban cerradas, la puerta principal tenía doble candado, el señor Jacobo pensó en tratar de subir al techo para introducirse por el jardín, pero los muros eran muy altos y al estar tan oscuro decidió esperar al otro día para intentarlo, así que regresaron a la tienda de campaña para dormir.

A la mañana siguiente del sábado, don Jacobo se despertó primero que todos a encender el fuego para que doña Ana pudiera calentar agua para café y preparar el desayuno, cuando este quedó listo, despertó a sus hijos con una típica canción que les cantaba para levantarlos para ir a la escuela. Julia se enojó muchísimo, ya que quería seguir durmiendo y tenía mucho frío. Mientras desayunaban, don Jacobo les mencionó que quería entrar a la casa del tío Daniel por la parte de arriba y que necesitaría la ayuda de Eric y Carlos. No se lo dijo dos veces, cuando ya estaban cambiándose de ropa para ir a la casa abandonada. La señora Ana y su hija Julia no quisieron ir con ellos y se quedaron en el campamento.

Al llegar a la casa, el señor Jacobo les dijo a sus hijos que buscaran objetos por todo el terreno para poder hacer una pila y poder trepar los muros, Eric logró introducirse en una bodega no muy lejos de la casa cuya puerta estaba cerrada por una cadena tan oxidada que pudo romperla con una roca. En esta bodega, habían guardado bloques y tablones que alguna vez usaron para alguna construcción. Aquella bodega tenía años de abandono, todo estaba cubierto de telarañas y polvo, había muchos objetos muy oxidados como picos, palas, mazos, así como varias lámparas para minería.

Los tres comenzaron a sacar bloques y tablones para hacer una pila y cuando esta alcanzó más de la mitad de la altura de los muros de la casa, los tres la treparon y, ayudando a sujetar los brazos de su padre, Eric y Carlos lo impulsaron hasta que logró subir al techo, el cual se veía en buen estado a pesar de los años; los árboles que había en el jardín habían crecido tanto que los tres pudieron usarlos para bajar al interior de la casa.

Había un silencio sepulcral en aquellos interiores, se percibía el paso lento de los años, era una casa grande y las ventanas habían permanecido cerradas por mucho tiempo, por ello, olía mucho a humedad, había bichos raros, y hierba por todos lados que habían salido del jardín y cubrían los pisos y paredes. La cocina, decorada con mosaico con adornos azules y fondo blanco, fue muy elegante en sus buenos tiempos, ahora permanecía llena de polvo y hollín impregnado.

Don Jacobo les dio a Eric y a Carlos un recorrido por toda la casa recordando aquellas visitas que hizo en su juventud.

Este tipo de cosas fascinaban a Eric, quien se introdujo en las habitaciones a husmear. En la habitación que era del tío Daniel había un armario antiguo con figuras pintadas a mano, cuando Eric lo vio, le gritó a su padre y hermano:

—¡Vengan a ver esto!

Al llegar, don Jacobo le dijo a Eric que, aunque la casa estaba abandonada, esas cosas aún pertenecían al tío Daniel y debían respetarlas. Carlos y Eric terminaron convenciéndolo de que debían abrir el armario a cambio de lavar el carro por un mes. Don Jacobo no pudo rechazar tal oferta y decidió permitirles revisar el contenido del armario. Al abrirlo, encontraron cinco escopetas y dos revolver y, en los cajones, municiones y explosivos, don Jacobo no podía creer lo que veía y ordenó a sus hijos que ni se les ocurriera tocar algo, les dijo que las armas quizás eran para cazar liebres o zorros o ahuyentar coyotes, pero dentro de sí, don Jacobo no encontraba alguna explicación para los explosivos y la cantidad de armas. En ese momento, recordó la advertencia del tío Daniel respecto a entrar a la casa, porque estaba infestada de ratas y había veneno por todas partes, pero en realidad no había tal cosa.

La curiosidad y la duda invadían la cabeza del señor Jacobo, quien sugirió a sus hijos salir de la casa. Treparon aquellos árboles para salir de nuevo al techo y bajar por la pila de tablones y bloques de cemento que habían hecho.

Camino de regreso al campamento, Eric le preguntó a su padre porque de pronto estaba tan pensativo. Don Jacobo le dijo que estaba tratando de recordar el camino hacia una mina abandonada que los hijos del tío Daniel conocían y lo llevaron un par de veces, al oír esto, Carlos le reclamó a su padre porque nunca les había contado sobre esa mina. Don Jacobo con una sonrisa les dijo:

—Será la historia perfecta para esta noche.

Al oscurecer, la familia Herrera yacía sentada alrededor de la fogata en espera de la historia que don Jacobo tenía preparada y al haber terminado de cenar, don Jacobo comenzó a relatar:

—Lo que estoy por contarles es algo real que no se los había mencionado porque eran más pequeños, pero ahora que ya están más grandes, espero que les guste esta historia que precisamente ocurrió en este bosque cuando yo tenía la edad que ahora tienes tu Eric, dieciséis años. Hay un lugar cerca de aquí que era una mina que fue abandonada hace muchos años por una compañía británica, mi padre nos platicaba que se reportaron varias desgracias en los periódicos de aquel tiempo, se decía que, cuando lograron encontrar oro, muchos de los mineros decidieron renunciar y regresaron a sus hogares por causas desconocidas y otros nunca fueron encontrados, la policía los buscó por meses hasta que cerraron el caso.

»En alguna de las visitas que hice al rancho, los hijos del tío Daniel me llevaron a un sitio al que ellos llamaban La cueva, que en realidad se trata de dicha mina, se volvía más interesante aún porque el tío Daniel les tenía prohibido acercarse, pero ellos me llevaban a escondidas diciendo que iríamos a la presa de la familia, que era un lugar que mis primos solían visitar cuando se aburrían, ellos me enseñaron como llegar a la mina y como regresar en caso de que nos separáramos, de hecho, es el mismo camino que nos lleva hacia el ojo de agua que ustedes ya conocen, pero continua en línea recta varios metros hasta llegar a una peña a la que llamaban el camello, por su similitud a una joroba de camello, después de ahí, la mina se debe encontrar a unos cuantos metros, solo que ya no recuerdo en qué dirección está.

»El tío Daniel les había advertido a sus hijos de los peligros de la mina, pero, aun así, ellos entraban y me decían que no dijera una sola palabra, jamás los delaté. En una de nuestras fugas entramos a la mina, mi primo Martín llevaba una vieja lámpara de petróleo que había tomado de la casa para alumbrar el camino, el simple hecho de entrar era ya una prueba de valor, miedo a lo desconocido y más al imaginarse que con el paso de los años la mina podría derrumbarse por el eco de nuestras voces en cualquier momento, quedar atrapados en aquella oscuridad y morir. Martín iba delante de nosotros alumbrando el camino, ya habíamos recorrido aproximadamente unos veinte metros, al voltear hacia atrás, la luz de la entrada comenzaba a perderse, ya que el nivel del piso iba descendiendo conforme más avanzábamos, aquel recorrido se me hizo eterno porque nunca imaginé lo largo que estaba. Al fin se detuvieron y Martín, señalando una roca enorme, me dijo: «Solo hasta aquí hemos llegado, Jacobo, no hemos avanzado más».

»Recuerdo que les dije: «No puedo creer que hayamos recorrido tanto para llegar a ver una roca, si ya llegamos hasta aquí, valdría la pena avanzar más para, al menos, saber qué hay más allá». Tardé unos treinta segundos en arrepentirme de lo que dije cuando los dos ya habían decidido seguir avanzando, eran muy fáciles de convencer—.

Continuamos abriendo paso por aquella oscuridad, esta vez yo era el que guiaba, ya no nos importaba traer los zapatos empapados por dentro por los charcos que había, tan solo queríamos ver que más había después de la gran roca.

»Chicos, créanme que no estoy inventando nada, esto que les cuento pasó en realidad. Continuamos caminando, ya habíamos recorrido unos diez metros después de la roca, aquel silencio se llenó de terror cuando oímos un eco que invadía todo el túnel, nos detuvimos para escucharlo bien, todo mi cuerpo se erizó por completo cuando nos dimos cuenta de que el eco llevaba un mensaje, se trataba de la voz de una mujer anciana, lo que yo alcance a escuchar fue una amenaza que decía: «No avancen más, este lugar está maldito».

»Sentí muchísimo miedo, lo más lógico en ese momento era salir corriendo, pero, no lo hicimos. Éramos tres adolescentes muy tercos que nos sentíamos invencibles ante una anciana. Mientras yo les preguntaba a mis primos que proponían hacer, Héctor interrumpió con un: «¡Miren!». Vimos a la anciana que venía hacia nosotros con una linterna en una mano y un pico en la otra, dispuesta a alcanzarnos. Salimos disparados, yo por delante con la lámpara y ellos atrás de mí. El eco de nuestros propios gritos nos aterrorizaba aún más, en aquel momento pasaron recuerdos por mi cabeza y la escena misma de cómo terminaría en aquel túnel, pensé en la advertencia del tío Daniel y porque la habíamos desobedecido, al ver la luz de la salida me dio la esperanza de que saldríamos con vida con una buena historia, y así fue, creo soy un hombre afortunado, chicos, no me hubiera imaginado contar esta historia a tres de mis hijos, esa es la historia de esta noche para que tengan lindos sueños —volvió a recalcarlo con sarcasmo don Jacobo.

A la mañana siguiente, Eric se levantó primero que todos y esperó a que su padre despertara para poder interrogarlo, don Jacobo sintió que Eric lo observaba y al levantarse le dijo:

—No me digas, ¡seguro quieres saber más sobre la cueva!

Eric acertando con la cabeza llevaba en sus manos una linterna grande que había empacado.

—¿Para qué es eso? —preguntó don Jacobo.

—¿Qué no es obvio?, para entrar a la cueva —contestó Eric.

Don Jacobo sorprendido le dijo:

—Si a pesar de la historia de anoche, quieres ir a buscar ese lugar, o debes ser muy valiente, o estar loco, pero yo te entiendo muy bien, porque yo también tengo mucha curiosidad de ese lugar; sí tú y Carlos quieren acompañarme a buscar esa mina deberán obedecer todas mis indicaciones de inmediato, les contaré más detalles en el camino.

Doña Ana, al escuchar esto, contestó enojada:

—¡Nadie irá a ninguna parte!, ¿acaso se volvieron locos?, solo Dios sabe lo que pudiera habitar ahí.

Don Jacobo le aseguró que esa mujer ya había fallecido debido a que ya habían pasado muchos años y para ese entonces la mujer ya era anciana. Doña Ana no quería que entraran, pero los tres eran muy insistentes y prometieron tener mucho cuidado, después de todo, ya había pasado mucho tiempo. Antes de partir, doña Ana preparó el desayuno. Estando los cinco sentados alrededor de las brasas, doña Ana decidió esta vez acompañarlos para asegurarse de que todo estaría bien, así que los cinco partieron en busca de la mina después de desayunar.

Segunda parte

Durante el trayecto hacia la mina, don Jacobo les relataba a su esposa e hijos:

—En el pueblo de San Cayetano que está cerca de aquí había rumores de un par de estudiantes de antropología que fueron a hacer sus prácticas cerca de El Chico, ellos eran del estado de Guerrero y pasaron la noche en el pueblo. Supuestamente, habían ido al bosque, pero nunca regresaron por las cosas que dejaron en la posada donde se encontraban todas las bitácoras de sus investigaciones, algunos dicen que quizás eran delincuentes, otros, que probablemente fueron atacados por alguien o que pudieron haber caído por algún peñasco. Nunca se supo en realidad que pasó con ellos, fue como si la tierra se los hubiera tragado.

Eric exclamó:

—Buena historia, pero, mejor platícanos: ¿cómo era la anciana de la cueva, como era su cara?

Don Jacobo trató de recordar y les dijo:

—Realmente nunca vi su rostro, solo recuerdo su cabellera larga y canosa.

Los Herrera ya habían pasado el ojo de agua y se dirigían hacia la peña del camello, de repente, escucharon el galope de un caballo que venía hacia ellos, se detuvieron y vieron salir de la maleza a un señor de edad montado en su caballo quien los veía con cierta indiferencia, don Jacobo lo miró detenidamente y reconociéndolo, lo saludó calurosamente:

—Señor Natividad, ¡cuánto tiempo ha pasado! ¿No me recuerda?

—Sí, tú eres sobrino de Daniel Ventura, recuerdo que andabas de aquí para allá con sus hijos haciendo travesuras, supongo que vinieron de visita al rancho, y, ¿con quién vienes acompañado? —preguntó con alegría Natividad.

—Ella es mi esposa, Ana, y mis hijos —los presentó don Jacobo.

—Mira nada más, que bonita familia tienes Jacobo, me alegro, y ya sabes que ustedes son bienvenidos aquí, solo por curiosidad, ¿qué hacen tan alejados del rancho? —preguntó el señor Natividad.

Don Jacobo no tenía por qué dar explicaciones, después de todo, aún se encontraban en propiedad de su tío, antes de que alguien respondiera algo, don Jacobo contestó:

—Vinimos al ojo de agua y queríamos ver hasta dónde llega el riachuelo que viene de este, pero la verdad ya estamos cansados y ya íbamos de regreso al rancho.

—Me parece perfecto —respondió Natividad—, por favor, tengan mucho cuidado y no se alejen más porque estos caminos son muy similares y podrían perderse, además, se ha oído de ladrones en estos alrededores, ya no es una zona segura.

Cuando el señor Natividad se fue, doña Ana le preguntó a su esposo quien era aquel hombre y por qué no le dijo que iban a la mina.

—Se trata de un amigo del tío Daniel de años que cuidaba de sus ovejas y ganado, también ayudaba a mi tío a mantener el rancho y viajaba a la ciudad y pueblos cercanos para hacer compras, siempre ha vivido cerca de aquí, simplemente no me pareció necesario decirle que estamos buscando la mina, porque se hubiera puesto a charlar más y nos hubiera quitado tiempo —respondió don Jacobo.

Así que continuaron caminando en línea recta por media hora más hasta que alcanzaron a ver por encima de los árboles una peña.

—Debe ser esa la peña del camello. —Y, desafiando a los chicos, don Jacobo gritó—: ¡El último en llegar lavará los platos del desayuno!

Carlos, que ya estaba cansado, fue el último en llegar a las faldas de la peña. Era un lugar hermoso, las rocas estaban vestidas de vegetación que iban desde pequeñas flores y musgos hasta helechos y arbustos de diferentes tonos amarillos y verdes, era una peña de unos veinte metros de alto.

—La mina debe estar cerca de aquí, por favor esperen y no se separen, iré a buscar la entrada, regresaré pronto —les dijo don Jacobo a los cuatro.

Diez minutos después llegó don Jacobo.

—Buenas noticias, encontré la mina, espero que por lo menos se atrevan a llegar a la roca y no se acobarden.

—Papá, por favor, eso no es nada para nosotros, además traigo mi linterna con alcance de cuatrocientos cincuenta metros, con esta cosa iluminaré todas las entrañas de la cueva —alardeaba Eric.

Cuando llegaron a la mina, doña Ana les dijo a los tres varones:

—Saben que yo no doy mi consentimiento para que hagan esto, podrían conformarse con tomar una fotografía y no arriesgar su vida metiéndose en un lugar que no conocen y con tan mala reputación, Jacobo, cariño, por favor reconsideren entrar ahí.

A pesar de la edad de don Jacobo, aún seguía teniendo el espíritu de un niño explorador con una oportunidad que no podía dejar pasar, porque de hacerlo, se arrepentiría después.

—Amor mío —contestó don Jacobo a su esposa—, ten la certeza de que este lugar es seguro, no hay nada que temer, esta mina tiene muchísimos años y aún sigue estable, puedes asomarte y comprobar tu misma que no han existido derrumbes ni los habrá el día de hoy, solo trataremos de llegar

31

a la roca donde llegué con mis primos y regresaremos, te prometo que no permitiré que Eric o Carlos cometan alguna tontería.

Doña Ana se quedó más tranquila al escuchar esto, y, resignada, encontró una buena sombra donde se quedó con Julia a esperar a que salieran de la mina, mientras tanto, don Jacobo, Eric y Carlos comenzaron el recorrido dentro de la mina.

Eran aproximadamente las once de la mañana y al entrar, fueron recibidos por una humedad que incrementaba conforme avanzaban y cientos de mosquitos que se juntaban en todo su cuerpo, incluso, entraban a su boca y oídos, lo que los hizo correr unos metros hacia dentro para evitarlos, a esa altura ya comenzaban a perder la luz de la entrada que aún les brindaba visibilidad, así que don Jacobo le pidió la linterna a Eric y comenzó a abrir camino alumbrando hacia el fondo, lo único que veían era el techo y paredes de aquella masa rocosa que iba descendiendo a profundidad. Continuaron caminando y al fin pudieron ver a lo lejos la gran roca.

—Chicos, ¡miren eso!, es la roca donde llegué con mis primos —les dijo don Jacobo con gran emoción—, unos metros más adelante es donde vimos a la anciana, ya casi llegamos.

—Papá, espera, es Carlos, está muy agitado.

—¿Qué tienes hijo? —le preguntó don Jacobo.

—Siento que me falta el aire, tengo miedo.

—Hijo, tranquilízate, ¿quieres que nos salgamos ahora o quieres llegar a la Roca? Te aseguro que nada nos va a pasar, este lugar tiene varios años y como puedes ver, no hay ningún derrumbe, por el oxígeno no te preocupes, no estamos tan alejados de la entrada y además, estas minas tienen respiraderos que conectan a la superficie, no podían excavar sin hacer entradas de aire, esto debe ser solo sugestión tuya, vamos, respira hondo conmigo, uno, dos, tres, sostén el aire, mantenlo, ahora libéralo lentamente, ¡vamos!, ¿estás mejor?

—Sí, papá, creo que estoy bien —contestó Carlos—, solo que todo está tan oscuro y tengo un mal presentimiento, hay algo que no me gusta de este lugar aparte de los moscos, ya llegamos bastante lejos, está bien si llegamos a la roca, solo que no vayas tan a prisa, papá, porque ya me tropecé dos veces.

En ese momento, Carlos sintió que pateó algo y, de inmediato, le pidió a su padre que alumbrara el suelo, había unas viejas botas impermeables.

—Estas botas no se ven tan viejas, de hecho, se ven en buenas condiciones, quizás alguien entró recientemente y las olvidó, es extraño, pero no se inquieten por un par de botas —comentó don Jacobo—, podrían ser del señor Natividad o del tío Daniel, la propiedad del tío es muy grande y está cercada, pero a pesar de eso alguien podría saltarla, sigamos.

Cuando llegaron a la Gran Roca, don Jacobo recordó que sus primos habían grabado con piedra sus nombres en ella.

33

—Sostén la linterna —pidió a Carlos—, los nombres de Martín y Héctor deben estar marcados en algún lugar en la roca, ayúdenme a buscarlos.

Después de unos minutos, Carlos encontró los nombres intactos.

—Miren, aún están aquí, cuánto tiempo ha pasado y aún se pueden leer con claridad.

Don Jacobo se dirigió a sus hijos y les propuso:

—Ya hemos llegado bastante lejos, solo quiero saber si quieren regresar o quieren continuar avanzando.

A lo que Eric contestó:

—Si nos vamos ahora, quizá nunca podremos saber qué hay más allá, quizás no tengamos la oportunidad de regresar, me gustaría recordar este momento con algo más que una roca, yo sí quiero seguir avanzando.

—Y, ¿qué hay de ti Carlos? —preguntó don Jacobo.

—Creo que Eric tiene razón, es posible que no haya otra oportunidad de estar aquí, así que, por mí no se preocupen, estaré bien.

Continuaron avanzando entre aquella basta oscuridad, ya habían recorrido más de cincuenta metros y aún no veían nada interesante.

—Papá, ¿ya llegamos donde estaba la anciana? —preguntó Carlos mientras su respiración se agitaba.

—Es posible que ya hayamos avanzado más —respondió don Jacobo.

Finalmente, se encontraban enfrente de dos túneles diferentes, uno que iba a la derecha y otro a la izquierda.

—Esto sí que es genial, solo me quedan tres fotos para acabarme el rollo de la cámara y una será para estas dos entradas que se ven espeluznantes, quizás gane un premio con esta foto, papá, por favor retrocede más con la luz para tener la mejor toma de los dos túneles —le pedía Eric a su padre.

Después de que Eric tomara su foto, lanzaron una moneda para elegir el túnel que explorarían primero. El túnel de la derecha fue el primero al que entraron, recorrieron aproximadamente unos treinta metros cuando se dieron cuenta de que había marcas de llanta de carretilla en el suelo.

—¡Miren!, esto es extraño, al parecer el dueño de las botas también trajo una carretilla —les dijo don Jacobo con sarcasmo.

Continuaron caminando cuando por fin vieron de lejos el fondo de la mina. Al llegar, estaban en medio de un gran recinto que había sido cavado por años y a juzgar por la apariencia de las carretillas, picos, palas, lámparas, basura y demás herramientas que había ahí, había actividad reciente.

—¿Cómo es que yo no sabía nada de esto?, ¡siguen explotando la mina!, ignoro si el tío Daniel sepa algo —exclamó don Jacobo sorprendido.

En las paredes de aquel recinto yacían a simple vista vetas con apariencia amarillenta y rojiza en medio de roca blanca cristalina.

—Papá, mira eso en las paredes, ¿tú crees que sea oro?

—No lo sé hijo, no sé mucho de minería, pero hay probabilidad de que haya oro aquí, ya que es sabido que en estas regiones de Hidalgo hay minas de oro y plata, Eric, por favor, toma una foto de todo esto, que se puedan ver las herramientas y las paredes, no creo que sea buena idea seguir aquí adentro, por favor no toquen nada, vámonos.

Salieron de ahí y al llegar a la entrada de los dos túneles, Eric insistió:

—Papá, antes de irnos hay que entrar en el túnel de la izquierda, solo unos metros y si no vemos nada nos retiramos, por favor, necesito encontrar algo para mi última foto.

Eric terminó convenciendo a su padre.

No muy lejos de la entrada del túnel, a unos veinticinco metros de distancia, don Jacobo alcanzó a alumbrar el fondo con la linterna.

—¡Miren! Este túnel no es tan profundo, veamos qué hay.

Al llegar, don Jacobo gritó alarmantemente:

—¡Alto! ¡No caminen más! ¡Hay un pozo aquí!

De repente, los tres tenían de frente una escalofriante vista de un gran hoyo y al voltear hacia arriba, vestigios de un antiguo elevador que colgaba. Cuando don Jacobo alumbró hacia abajo, hubiera querido no haberse acercado nunca, a unos diez metros abajo yacían algunos cadáveres de personas, ropa, zapatos, escombros y basura. Don Jacobo se quedó en shock, por un momento, no decía una palabra, solo alumbraba cada rincón de la fosa. Identificó cuerpos de hombres, mujeres e incluso de niños, era una imagen más que aterradora. Eric y Carlos tampoco decían nada, nunca habían visto a alguien muerto, sus rostros reflejaban morbosidad y terror al mismo tiempo.

—¡Les dije que tenía un mal presentimiento de todo esto! —decía Carlos—, no debimos venir aquí. ¡Papá! ¡Vámonos ahora!

—Sí, pero antes, Eric, usa tu última foto para esto, yo la tomaré y tú sostendrás la linterna —pidió don Jacobo.

Después de que don Jacobo tomó la foto, salieron de la mina lo más rápido como les fue posible.

—Mi amor tenemos que irnos del rancho cuanto antes, los tres estamos bien, te explicaré en el camino —decía don Jacobo a su esposa al salir de la mina.

Los cinco llegaron al campamento y comenzaron a guardar sus cosas rápidamente, sin importar que hubiera trastes sin lavar y cobijas sin doblar, desmantelaron la tienda de campaña en menos de cinco minutos, tan solo la tienda llenaba casi toda la cajuela, gran parte de sus cosas tuvieron que ir en las piernas de Eric, Carlos y Julia.

38

Mientras se acercaban a la salida del rancho en el auto, don Jacobo le decía a su familia:

—Tranquilos, todo va a estar bien, lo que más me importa en este momento es sacarlos de aquí, Ana perdóname, no debimos entrar a la mina, ahora sabemos que este lugar ya no es seguro, no volveremos a regresar —mientras don Jacobo hablaba se escucharon balazos.

—¡Jacobo! ¡Qué está pasando! ¡Nos están disparando! ¡Niños agáchense! ¡Acelera Jacobo! —gritaba doña Ana desesperada. Iban subiendo un camino de terracería y les faltaba poco para llegar a la carretera, el auto brincaba y se sacudía de un lado a otro al pasar por aquel camino que estaba lleno de piedras, mientras que alguien les disparaba, los balazos se oían cada vez más cerca de ellos, una de las balas impacto en la defensa trasera del auto y fue cuando don Jacobo se llenó de adrenalina y hundiendo su pie por completo en el acelerador del auto, manipulaba el volante en dirección de zigzag esquivando la mayor cantidad posible de piedras para evitar ser un blanco fácil, logrando así sacar el auto a la carretera. Salieron ilesos de aquellos disparos, no alcanzaron a ver quién los atacó, al llegar a la carretera partieron a gran velocidad montaña abajo hacia la ciudad de Pachuca. Don Jacobo no quiso hacer ninguna parada hasta llegar a su casa. Durante el camino, don Jacobo le contó a su esposa lo que vieron en la cueva.

—Ahora entiendo por qué nos querían matar, creo que esto debes decírselo a tu tío cuanto antes y denunciarlo a las autoridades —dijo doña Ana.

—Sí, lo haré, tengo muchas preguntas para el tío Daniel —contestó don Jacobo.

Finalmente, llegaron a casa ya casi al oscurecer y don Jacobo trató de llamar al tío Daniel por teléfono, pero este no contestó.

El lunes por la mañana, don Jacobo volvió a llamar al tío, insistió siete veces hasta que contestó el teléfono y le contó todo lo que vio en la mina.

—¡No puedo creer lo que estás diciendo! ¿A quién más le has dicho sobre esto? —preguntó el tío Daniel.

—Solo a ti —respondió don Jacobo.

—Por favor, por ninguna razón vayas a decir nada de esto a nadie, ni siquiera permitas que tus hijos vayan a la escuela hoy ni hablen con nadie sobre este asunto, necesito verte hoy en persona urgentemente a las seis de la tarde —concluyó el tío Daniel.

—Tío, es prioridad denunciar este delito a las autoridades cuanto antes, quizás aún puedan detener a quien nos atacó ayer —dijo don Jacobo.

—Estoy de acuerdo —contestó el tío—, pero, por ser mi propiedad, yo tengo que hacerme cargo de esto, confía en mí, ahora estoy en la ciudad de México, así que nos veremos hoy a las seis en el restaurante la Terraza en el centro histórico, yo invito.

Esa misma mañana del lunes don Jacobo no fue a trabajar y no mando a sus hijos a la escuela, don Jacobo le pidió a Eric que revelara el rollo de la cámara en su pequeño estudio fotográfico y que les sacara dos copias a las tres fotos de la mina, así lo hizo y se las entregó a su padre.

—Guarda en un lugar seguro las copias, por favor —le pidió don Jacobo a Eric.

Por la tarde, don Jacobo partió a la ciudad de México y al llegar al restaurante vio al tío Daniel con su acostumbrado humilde atuendo, sentado en una esquina con una taza de café en la mano, a pesar de que hacía frío, el tío Daniel había escogido la parte pegada al balcón. Se abrazaron calurosamente y don Jacobo sugirió sentarse en la parte de adentro:

—Tío, hace frío aquí, podrías enfermarte, ¿no quieres entrar?

—Este lugar es perfecto, Jacobo, no hay nadie cerca, me gusta comer sin mucho barullo —contestó el tío.

Ordenaron algo para comer y el tío comenzó a interrogar a don Jacobo:

—Antes que nada, hijo, dime, ¿por qué de todos los lugares tan bonitos que hay en el rancho y en todo ese bosque tan enorme, tuvieron que meterse a ese horrible lugar?, ¿acaso no sabes que en una mina abandonada puede haber sustancias tóxicas o derrumbes?

—Tío, hay gente explotando esa mina dentro de tu propiedad y cadáveres de personas, no entiendo cómo estás tan tranquilo, deberíamos estar en el Ministerio Público en vez de estar tomando café, ¿no crees? —preguntó ansioso don Jacobo.

Remojando su pan dulce en el café y con la boca llena, el tío Daniel contestó:

—No lo creo, hijo, para empezar, no tenemos pruebas para ir a hacer semejante denuncia.

En ese momento, don Jacobo se volteó para ver si había alguien cerca y sacando de una carpeta las tres fotos que habían tomado con la cámara de Eric se las mostró.

—Aquí está la prueba —dijo.

En ese momento el tío Daniel tragó su bocado, sorprendido y con los bigotes llenos de café comenzó a ponerse nervioso.

—Déjame verlas bien —y sujetando las fotos con ambas manos, el tío las rompió.

—¡Tío! ¿Qué hiciste? ¿Por qué las rompiste?

—Esta es mi propiedad y yo me haré cargo de este asunto, ahora que ya no tienes esas fotos, continúa con tu vida, no te inquietes que yo me haré cargo de denunciar y hacer lo que se tenga que hacer, me alegro muchísimo que tú y tu familia están bien, contestó el tío, te cité aquí porque quiero que me prometas que no vas a hacer este asunto más grande y no tratarás de denunciar ni dirás una palabra a la familia, ya que esto podría confundirlos y podría empeorar las cosas, y otra cosa más; por favor, necesito que me entregues la llave del rancho, si te la di, fue porque solo tú has disfrutado tanto del rancho y del bosque a diferencia de tus hermanos, y mis hijos hasta la fecha jamás han demostrado interés en él, pero tú siempre has amado ese lugar, quizás más que yo, por eso te di la llave y te pedí que solo tú y tu familia podían entrar, nunca pensé que te alejarías tanto del rancho y encontraras ese lugar y peor aún, que fueras tan inconsciente de haberte metido a esa mina, ¿me prometes que me regresarás la llave y no dirás nada sobre esto? —preguntó el tío a don Jacobo.

—Tío, por favor, tenme la confianza de decirme la verdad, ¿tú tienes algo que ver con todo esto?

—No, y no vuelvas a repetir eso, yo no tengo nada que ver, rompí las fotos porque podrían meternos en problemas. Aun cuando hay que denunciar, si en verdad hay gente muerta ahí y están explotando esa mina dentro de mi propiedad las evidencias sobran, yo voy a denunciar mañana mismo, ahora por favor prométeme que no dirás nada a nadie y me entregarás esa llave cuanto antes.

Don Jacobo ya percibía que el tío ocultaba algo, así que, sutilmente, le hizo creer que dejaría el asunto en manos de él y que en verdad creía que el tío no tenía nada que ver.

—Perdóname tío por haberte preguntado eso, es solo que he estado muy intranquilo por esta situación, no te preocupes, prometo devolverte la llave, yo y mi familia no diremos nada a nadie y no regresaremos al rancho ni cerca de ese bosque, podemos ir a visitar otros lugares.

—Gracias, Jacobo —respondió el tío—. Por favor, necesito que me devuelvas las llaves y el rollo de tu cámara o negativos que hayas sacado con ella, el día de mañana estaré en Pachuca, por favor, llévamelas temprano sin falta y ni se te ocurra sacar copias de las fotos por favor, te llamaré antes para darte la dirección.

—Sí, tío, esperaré tu llamada —respondió don Jacobo y se retiró.

Don Jacobo estuvo inquieto durante toda la noche, no pudo dormir, su esposa lo trataba de calmar.

—Jacobo, esto ya no es de nuestra incumbencia, ya cumpliste con haberle informado todo a tu tío, ahora él se hará cargo.

—Ya no me preocupa tanto la denuncia, me preocupa el tío, seguro que él es parte de todo, ¿por qué otra razón tendría tantas armas en su habitación y material de minería en su bodega?, ¿no te parece sospechoso? —preguntó don Jacobo a su esposa.

—Mucho —contestó doña Ana—, pero no te corresponde tratar de hacer justicia, si en verdad el tío está relacionado con esto deberíamos tener mucho cuidado y darle la tranquilidad de que nosotros no nos entrometeremos más en este asunto.

—Tienes razón, le entregaré las llaves y nos olvidaremos de esto —concluyó don Jacobo.

El día martes por la mañana, mientras desayunaban, sonó el teléfono.

—¡Yo contesto! —gritó Eric.

—¡No! Yo contestaré, estoy esperando una llamada —dijo don Jacobo.

Se trataba del tío Daniel, quien le pidió tomar pluma y papel para apuntar su dirección, Pachuca Centro, calle de Ocampo número setecientos sesenta.

—Trae por favor las fotos y la llave —le pidió de favor el tío a Jacobo.

Don Jacobo jamás había visitado el edificio del tío Daniel. Después de llevar a sus hijos a la escuela partió hacia la ciudad de Pachuca.

Al llegar al centro, admiró el Reloj Monumental y sus elegantes explanadas adornadas con jardines y los agradables alrededores coloniales. Encontró la calle preguntando a la gente local y antes de llegar al número vio una churrería y decidió comprar churros para llevarle al tío, al llegar a la dirección encontró al tío Daniel platicando con el encargado de una tienda de abarrotes que estaba en la planta baja del edificio y le rentaba el local al tío.

—Al fin llegas —reclamó el Tío—, gracias por los churros, quizás no recuerdes que soy diabético, pero aprecio el gesto, se los daré a la señora Lourdes que trabaja en mi casa, ella ama los churros. Este es mi edificio, pero vamos a mi casa, allí estaremos más cómodos, no está tan lejos.

Subieron al carro de don Jacobo y el tío le dijo:

—Sigue todo derecho hasta llegar al corredor turístico, de ahí, subirás a Real del Monte, ahí está mi casa.

—Tío, no sabía que tenías una casa en Real del Monte —dijo don Jacobo mientras manejaba.

Subieron el corredor turístico. El hecho de visitar la montaña, los alrededores boscosos y sentir el aire frío, ponían de buen humor a don Jacobo quien no paraba de hablar del bosque y especies de árboles y fauna del lugar, al llegar a la casa del tío Daniel, don Jacobo quedó impresionado, tan solo el terreno abarcaba toda una manzana de esquina a esquina, los muros de la barda eran de piedra volcánica y rebasaban los cinco metros de alto, al bajar del carro, don Jacobo vio a dos sujetos en una camioneta que se estacionaron detrás de su auto, don Jacobo los veía sospechosos, el tío Daniel al ver que su sobrino se puso nervioso le dijo:

—No tienes que preocuparte, Jacobo, ellos vienen con nosotros, trabajan conmigo, venías tan contento, hablando del bosque que no te diste cuenta de que nos seguían desde que salimos de Pachuca. —Reía el tío.

46

Al entrar a la propiedad, don Jacobo no podía creer que su tío poseyera una casa tan gigantesca y lujosa, había un camino de piedra que conducía a la enorme casa que se alcanzaba a ver desde lejos, el jardín estaba lleno de pinos que hacían del ambiente algo muy agradable a la vista.

—Tío espero que tengas café. —Reía don Jacobo al no saber qué decir.

—Ahora mismo pediré que te preparen uno —contestó el tío.

—Tu casa es hermosa —le dijo don Jacobo.

—Gracias, tú también podrías tener una así, o mejor —aseguraba el tío.

—No creo, pero gracias —respondió don Jacobo mientras reía forzado a hacerlo.

Cuando entraron a la casa, el tío lo invitó a sentarse en la sala, los pisos eran de madera de roble, los sillones y muebles eran dignos de un rey con entalladuras de madera y adornos de piel, una chimenea de piedra adornaba aquella sala que no dejaba de asombrar a don Jacobo, varias fotos cubrían una repisa sobre la chimenea, algunas eran en blanco y negro y otras se veían actuales.

—Espera aquí mientras mando a que preparen tu café —decía el tío a don Jacobo.

Mientras el tío estaba en la cocina, don Jacobo se paró a observar las fotos, había fotos de los hijos del tío, de su ex mujer, de sus hermanos e inclusive tenía una foto de don Jacobo cuando era niño. Al fin llegó el tío junto con la señora Lourdes que traía el café.

—Sígueme, hijo, vamos a mi despacho, allá tomaremos el café —dijo el tío Daniel.

Cuando abrió la puerta de su despacho, un olor a tabaco impregnado en las paredes y techo invadió el pasillo que conectaba varias habitaciones.

—Tío, no sabía que fumabas —afirmó don Jacobo.

—Solo cuando me estreso mucho, y en estos días no es la excepción, por favor Jacobo cierra la puerta y ponle seguro — le pidió a su sobrino.

Y sentándose detrás de su escritorio invitó a don Jacobo a tomar asiento.

—¿Trajiste la llave y las fotos? —preguntó el tío.

Y poniendo las cosas en el escritorio, don Jacobo se las entregó. Don Jacobo comenzó a decirle al tío que no regresarían más al rancho ni sus alrededores.

—¡Hijo! —interrumpió el Tío Daniel—, sé que no eres ningún tonto, quizás piensas que yo tengo que ver con todo esto que viste en la mina, pero, por favor, no pienses mal de mí, yo, por el contrario, si soy un tonto por haber puesto en peligro tu vida y la de tu familia todos estos años que estuvieron visitando mi rancho y parte del bosque, estoy en deuda con ustedes, también por cuidar de mi madre, yo siempre te he considerado como un hijo más que un sobrino, por esa razón quiero darte algo que ni te imaginas, con lo que voy a darte ya no tendrías que trabajar ni un día más en tu vida, por supuesto, deberás administrarlo bien, y ¿por qué no?, también puedes darte algunos lujos, ¿alguna vez has cruzado el gran charco Jacobo? ¿Qué países aparte de México conoces?

—Ninguno tío —contestó don Jacobo.

—Pues yo quiero que conozcas Europa y tu familia también y no solo Europa, llévate a tus hijos a conocer Nueva York o Boston, allá afuera hay lugares que debes conocer, México es hermoso, pero es solo un pequeño pedacito de todo el pastel, no sé ni cómo explicarte, a mí me harías muy feliz aceptando esto que voy a darte, por eso te traje hasta acá, mira, aunque me veas como alguien humilde tengo recursos que ni yo podría acabarme, por eso quiero compartir parte de todo esto contigo. Saca las maletas que están en ese librero y tráelas, acompáñame por favor —le pidió el tío Daniel.

Don Jacobo se quedó sin palabras y estaba muy confundido.

—No tengas miedo hijo, no voy a hacerte nada. —Reía el tío Daniel, quien quitando el tapete debajo de su escritorio abrió cinco candados blindados y una puerta en el suelo que llevaba a una habitación bajo el piso—. Pisa con cuidado, Jacobo, hay una escalera, no te preocupes, solo deja prender la luz —decía el tío Daniel.

Al tocar el piso, don Jacobo miró hacia atrás de él aquella habitación que estaba muy fría, los pisos estaban adornados con tapetes y varias vitrinas iluminaban aquel lugar como si se tratase de un pequeño museo.

—Ahora si me has sorprendido tío, ¿de qué se trata todo esto? —preguntó don Jacobo.

—Estás viendo mi colección de monedas, empecé a coleccionar desde que tenía dieciséis años —contestó el tío—, están casi todas las monedas mexicanas desde 1900 y también tengo varias de 1800, igualmente, hay monedas extranjeras que me han regalado y muchas las obtuve en algunos viajes, pero no es eso lo que quiero darte, ven. —Caminaron al final de la habitación donde había un retrato pintado al óleo de una mujer joven—. ¿Sabes quién es? —le preguntó el tío Daniel a don Jacobo.

—No, tío —respondió.

—Es tu abuela cuando tenía treinta años, ¿verdad que mi madre era hermosa? —preguntó el tío.

—Jamás pensé que así luciera en su juventud, en verdad era una bella mujer —respondió don Jacobo, sorprendido.

Y quitando el cuadro de la pared, el tío destapó la puerta de una gran caja fuerte, puso la combinación y la abrió, aquel contenido emitía destellos dorados que reflejaban la luz de las vitrinas, el tío saco un lingote de oro.

—Mira esta hermosura, Jacobo, pureza del noventa y nueve punto cinco por ciento. —El tío lo puso en las manos de su sobrino, quien no podía creer aún lo que veía.

—¿Es oro? —preguntó inocentemente don Jacobo.

—¿Qué más podría ser? Por supuesto que es oro, y es tuyo — contestó el tío Daniel.

—Tío, ¿de qué hablas?, esto es demasiado, no podría aceptarlo —respondía don Jacobo con cierto nerviosismo.

—Claro que no hijo, aún hay más para ti —dijo el tío mientras sacaba más piezas de oro de la caja fuerte—, ve poniéndolos en las maletas que traes en las manos. —El tío sacó diez lingotes más y cuatro kilobarras del quilataje más alto.

—Tío, no sé por qué haces esto, nosotros no te hemos pedido nada por cuidar de mi abuela, para nosotros no es una carga, no tienes por qué hacerlo, cuando empezaste a hablar de Europa pensé que querías regalarme un viaje, sospeché que querrías darme algo, pero esto es demasiado y no podría aceptarlo.

A lo que el tío Daniel contestó:

—No puedo aceptar un no por respuesta, sé que es mucho dinero lo que te estoy dando, pero reconozco que eres una

persona buena al no querer aceptar una oportunidad así, por ello te admiro y es por eso que sé que vas a cuidar la espalda de tu tío. Jacobo, soy alguien que tomó malas decisiones en el pasado, no puedo darte explicaciones porque no las entenderías y, sobre todo, no te pondría en riesgo, no te irás de este lugar sin este oro, escúchame bien Jacobo, lo único, lo único que te pido es tu silencio, el de tu esposa y el de tus hijos. Diles que no hablen ni una palabra de lo que vieron en la mina, que no mencionen nada ni sobre mi rancho ni sobre el bosque, por favor todo lo que debes hacer es una simple cosa, quedarte callado, y quédate tranquilo que yo no he matado a nadie y me haré cargo de esos pobres desafortunados. Por favor, no veas esto como una amenaza, tan solo lo estoy haciendo por el bien de toda nuestra familia, debes ser una persona sumamente discreta, nadie puede saber que te di este oro, ni siquiera tu esposa ni tus hijos, mírame a mí, seguro que siempre has creído que yo no tenía todo este dinero, pero ¿por qué?, porque he sabido ser discreto, como te das cuenta, y bueno, la verdad es que tampoco los abrigos de mink vayan conmigo, yo seguiré siendo el de siempre. —Reía el tío Daniel—. Y déjame decirte que no estás solo para saber cómo y quienes te darán el mejor precio por el oro, Joaquín Ortega, mi abogado de confianza, te asesorará y te aconsejará también en caso de que necesites ayuda para invertir, también te ayudará a evadir impuestos, tampoco tienes que venderlo todo, empieza vendiendo una o dos piezas y lo demás guárdalo en un lugar seguro en una caja fuerte de buena calidad, así como esta —decía el tío Daniel.

—Tío, no recuerdo haberte visto feliz en todos estos años —decía don Jacobo, quien empezaba a relajarse y en el fondo imaginaba que ya no tendría que regresar a su trabajo, que era muy desgastante, además, comenzaba a sentirse contento de saber que su familia recibiría muchas cosas que carecían antes, pero a la vez trataba de aterrizar en la realidad.

—Veo que la idea comienza a gustarte Jacobo —decía el tío Daniel.

—Sí, tío, soy humano y soy pobre, es obvio que la idea me agrada, pero no necesitas comprar mi silencio, yo te protegería, aunque no me des nada, somos familia, esto no es necesario —insistía don Jacobo.

—Hijo, sí lo es, velo como una herencia o velo como quieras, pero como ya te dije: no sales de esta casa sin lo que te corresponde y punto —recalcó el tío Daniel, esta vez con un tono un tanto amenazante.

Don Jacobo finalmente entendió que se trataba de un chantaje, a lo que no le quedó más remedio que aceptar el oro diciendo:

—Tienes mi silencio y el de mi familia, tío, aceptaré tu regalo si esto es lo que quieres y te lo agradezco.

—¡Eso es todo lo que quería escuchar! —decía el tío complacido—. Jacobo eres el hombre más afortunado del mundo, piénsalo, estás libre de todo compromiso y ahora eres rico, dime, ¿es muy difícil lo que te pido a cambio?

—No, tío —respondió don Jacobo.

Y entregándole en una tarjeta el contacto de su abogado, el tío dijo:

—Perfecto, puedes irte, hijo, maneja con cuidado, los hombres que viste afuera son de confianza, ellos te cuidarán hasta que llegues a casa, no puedo dejar que te lleves tanto oro sin alguien que te cuide, úsalo para bien Jacobo, invierte en la educación de tus hijos, pon algunos negocios y, sobre todo, consiente a tu esposa.

Don Jacobo tomó las maletas con el oro y salió de aquella casa sin saber siquiera cómo debía sentirse: si contento de que ahora era un hombre rico, o si debería sentirse culpable por proteger a alguien que seguramente estaba involucrado en crímenes y que probablemente este oro lo convertirían en un cómplice. Lo consolaba el hecho de haber rechazado el oro en más de una ocasión y que no tuvo otra opción, ya que, al no haber aceptado el oro, el tío pudo haber tomado una decisión que amenazara su vida, ya que ahora no le quedaban dudas a don Jacobo de que el tío Daniel estaba metido en actividades ilícitas. Durante el camino planeó cómo iba a arreglárselas para entrar a su casa con dos maletas tan grandes y que ni su esposa ni sus hijos sospecharan que escondía algo.

Cuando don Jacobo llegó a su casa, los hombres que trabajaban para el tío quienes lo habían escoltado todo el camino esperaron a que don Jacobo metiera su coche en el garaje, don Jacobo se despidió de ellos desde lejos, ya eran más de las seis de la tarde. Al tomar las maletas y sentir el gran peso reía, ya que aún no podía creer lo que había dentro, sentía muchas ansias de abrir el cierre y ver el oro para volver a convencerse de que todo era real.

Su familia ya había llegado, así que, dejó la maleta en el carro y entró a su casa para tomar las llaves de la bodega donde guardaban herramientas y donde también era el cuarto donde lavaban la ropa. Al entrar a su casa vio a doña Ana y sus hijos, quienes veían la televisión en la sala, los saludó y les dijo:

—Perdonen la hora, ahora regreso de inmediato, olvidé algo en el carro.

Don Jacobo aprovechó de que veían un programa de risa y no se despegaban del televisor, para tomar las llaves de la bodega que estaban en un librero en la sala y así regresó al carro para tomar las maletas y esconderlas en la parte más profunda de aquella bodega, se aseguró de que el oro seguía ahí y tapo la maleta con un par de costales llenos de polvo que alguna vez almacenaron abono para césped. Don Jacobo trató de guardar la calma mientras se acercaba a su familia y al verlos les dijo:

—Solo quiero que sepan que a partir de hoy las cosas serán muy diferentes, tengo unos planes para mi trabajo que harán que tengamos más dinero.

Como ya habían oído el mismo discurso en ocasiones anteriores nadie siquiera dijo algo, al ver aquella reacción, don Jacobo no se aguantó las ganas de decirles:

—¿Recuerdan ese viaje a Disneyland que querían hacer?, bueno, pues creo que será posible hacerlo.

Los chicos se voltearon a ver y Eric reía diciendo:

—Eso era cuando éramos pequeños.

—A ver, cuéntenme, ¿a dónde quisieran ir? —preguntó don Jacobo.

Julia y Eric contestaron al mismo tiempo:

—¡París!

—Eso está más lejos, pero me parece una idea estupenda, quizás podríamos ir pronto —dijo don Jacobo.

Los chicos se volvieron locos de emoción y aunque en el fondo sentían que tal vez nada de eso sucedería, la idea les entusiasmaba mucho.

Cuando cayó la noche, don Jacobo y su esposa se preparaban para dormir, mientras ella cepillaba su cabello frente al espejo, don Jacobo la miraba desde la cama con una sonrisa, ella al sentir su mirada lo vio en el reflejo del espejo y le dijo:

—¿Y a ti qué te pasa?, ¿por qué estás tan contento y de repente tan pensativo y por qué les dijiste esas cosas a los niños en la comida?

Don Jacobo respondió:

—No dije nada que no fuera cierto, he pensado bien las cosas y creo que debo decirte la verdad antes de que me dé un derrame cerebral de tanto pensar.

—¿Es algo sobre el tío Daniel?, por cierto, ¿cómo te fue hoy con él? —preguntó doña Ana.

—De eso es precisamente de lo que quiero hablarte, pero antes quiero enseñarte algo. —Y asegurándose de que los niños estuvieran durmiendo, don Jacobo tomó a su esposa de la mano y la llevó a la bodega y le dijo—: Carga estas maletas.

Doña Ana las trató de cargar, pero no pudo y preguntó:

—¿Trajiste rocas de Pachuca?

Don Jacobo reía diciendo:

—Adivina qué hay adentro. Doña Ana citó varias cosas, pero nunca acertó y cuando don Jacobo abrió las maletas, la señora Ana quedó boquiabierta al mirar las barras de oro, mirando a su esposo desconcertada, le preguntó de dónde lo había tomado, don Jacobo le explicó todo lo que el tío le había dicho, doña Ana suspiró y saltando a los brazos de su esposo lo besó como nunca. Don Jacobo en realidad no esperaba esa reacción, ya que su esposa no era precisamente alguien muy afectiva con él, pero al ver lo feliz que estaba la besó y le dijo:

—Espero que tú también quieras ir a París.

Esa noche los dos festejaron con jerez, ya que era la única botella de licor que tenían, tardaron horas para dormir de tanto pensar cómo su vida había cambiado tanto en un solo día. Al despertar, los dos se miraron a los ojos y reían.

—Supongo que esto es lo que se siente ser rica —bromeaba doña Ana.

—Supongo que sí, aquel que dijo que el dinero no compra la felicidad quizás se equivocó o simplemente nunca fue rico — alardeaba don Jacobo.

Ambos continuaron su rutina del diario y después de llevar a sus hijos a la escuela, don Jacobo le dijo a su esposa que renunciara ese mismo día y que les diera tres semanas para encontrar a un suplente en la escuela donde trabajaba, ella aceptó encantada y ese mismo día presentó su renuncia. Mientras tanto, don Jacobo fue a lo que sería su «último día de trabajo», e hizo una cita con el señor Joaquín Ortega, contador del tío Daniel quien vivía en la ciudad de México, el señor Ortega lo citó para el día siguiente en el restaurante La Terraza que era el mismo restaurante donde el tío Daniel había citado a don Jacobo cuando le dijo lo que vio en la mina. Aquel día, don Jacobo presionó mucho a sus clientes para que le pagaran la mayor cantidad posible de sus abonos atrasados y cuando llegó del trabajo, llamó a varios de sus conocidos de confianza para contratar a alguien que se hiciera cargo de sus últimas cobranzas, ya que no volvería a vender refacciones. Gilberto Ramírez, un joven de veinte años hijo de un amigo suyo, escuchó que su padre recibió la llamada de don Jacobo y, ya que cursaba una carrera en la universidad, pensó que le vendría bien un trabajo flexible por las tardes. Esa misma tarde, Gilberto llamó a don Jacobo y le dijo que él podría hacer los cobros ya que él tenía su propio automóvil. Don Jacobo aceptó de inmediato y más al saber que era un universitario, don Jacobo lo citó para el día siguiente en su casa. Cuando llegó doña Ana con los niños, don Jacobo fue por su abuela y los llevó a comer a un restaurante italiano muy elegante que acababan de abrir cerca de su casa, cuando estaban todos en la mesa don Jacobo les dijo:

—Quiero que pidan lo que más les guste, por favor, no se fijen en el precio, de ahora en adelante pidan lo que les apetezca, quiero que sepan que viviremos diferente a partir de ahora.

Los niños respondieron con un fuerte ¡sííí!, que se escuchó por todo el restaurante.

Tercera parte

Al día siguiente por la mañana, el joven Gilberto tocó el timbre y Julia lo recibió, cuando abrió la puerta los dos se quedaron mirándose a los ojos fijamente, Gilberto se puso nervioso y comenzó a tartamudear:

—Eh, eh, eh, ¿está don Jacobo? Tengo una cita con él.

Julia le preguntó con una voz quebrada por los nervios:

—Tú eres Gilberto, ¿verdad?

—Si yo soy —respondía Gilberto con el rostro sonrojado y la respiración agitada.

—Por favor, pasa, te está esperando, yo te acompaño —se acomidió Julia encantada de la vida.

Mientras caminaban hacia el interior de la casa, Gilberto preguntaba la cosa más obvia del mundo:

—Tú debes ser la hija de don Jacobo, ¿verdad?

—Sí, soy su hija —respondía Julia mientras abría la puerta de la casa.

Después de que Gilberto saludara a don Jacobo y se sentara a su lado, se despidió de Julia con un gracias y una mirada muy profunda mientras ella caminaba hacia su habitación para preparar sus cosas de la escuela. Julia tenía diecisiete años y cursaba su último año de preparatoria, era una chica muy bien parecida.

Don Jacobo le entregó a Gilberto una libreta donde estaba toda su cartera de clientes, le entregó la dirección y los teléfonos de estos y demás instrucciones para la cobranza. Le pagó por adelantado y le dio dinero para llenar el tanque de gasolina. Acordaron que Gilberto iría a entregarle el dinero recaudado los días viernes por la mañana.

Por la tarde, don Jacobo viajó a la ciudad de México para encontrarse con el señor Joaquín Ortega, al llegar al restaurante preguntó a la hostess si ya había llegado el señor, como este aún no llegaba, pidió que lo acomodaran en una mesa cerca del balcón y como tenía hambre pidió algo de comer y a pesar de que no le gustaba, pidió una copa del vino de la casa para, según él, quedar bien con el abogado del tío Daniel. Don Jacobo comenzó a desesperarse, ya que había pasado media hora y el contador no llegaba, así que decidió pararse a preguntar a la hostess si alguien de nombre Joaquín Ortega había llegado, la hostess respondió que nadie se había presentado aún, así que regresó a la mesa.

Después de cuarenta minutos más de retraso llegó el señor Ortega disculpándose con don Jacobo, justificando que tenía una agenda muy apretada y tuvo que zafarse de ciertas reuniones importantes para poder verlo. Don Jacobo no le dio mucha importancia a su retraso y aceptó sus disculpas. El señor Ortega fue al grano y siguiendo las instrucciones del tío

Daniel le entregó los contactos de joyeros y casas de empeño que hacían negocios con el tío. Le preguntó que si tenía en mente en qué tipo de negocios tenía pensado invertir, don Jacobo respondió que siempre quiso poner un restaurante y que, de prosperar este negocio, pondría otros, el señor Joaquín le respondió que los restaurantes son una buena inversión, pero que son muy estresantes. El señor Ortega, al darse cuenta de que don Jacobo era alguien noble, fue más allá de su confianza y le sugirió: si usted quiere que también trabaje con usted, al igual que hago con su tío, me gustaría saber cuántas piezas de oro recibió de él para así darme una idea de cómo puedo orientarlo. Don Jacobo se sorprendió por la pregunta, pero por tratarse de alguien de la confianza del tío Daniel no tardó en responderle exactamente cuántas piezas recibió y de qué peso cada una. El señor Ortega se sorprendió mucho y riendo le dijo:

—¡Caray señor! Su tío debe de quererlo mucho.

Después ordenaron su cena, el señor Ortega le preguntó a don Jacobo sobre su familia materna y los lazos que tenía con el tío Daniel, estuvieron platicando por casi dos horas.

Al día siguiente, don Jacobo estaba dispuesto a vender dos piezas de oro para comenzar a invertir el dinero y, aparte de todo, comenzaba a quedarse sin dinero, el señor Ortega le había dicho que no diera detalles por teléfono del oro sobre número de piezas ni peso del mismo. Don Jacobo estaba muy nervioso, ya que nunca había hecho transacciones así, finalmente se armó de valor e hizo una cita para el medio día, llamó a los guardaespaldas que trabajaban para el señor Ortega quienes lo acompañarían a vender el oro, pues el señor Ortega fue muy específico de que no viajara solo con oro y con dinero en efectivo, al llegar a la dirección que le dieron, se encontraba en una famosa casa de compra en la Ciudad de México, en una mochila llevaba dos lingotes, después de que los guardias de seguridad de la casa revisaran todas sus pertenencias y las de los escoltas, lo recibieron en una sala muy elegante donde se encontraba el gerente de la sucursal y dos valuadores, don Jacobo les dio el oro, y, mientras los valuadores pesaban y examinaban el hermoso metal, una señorita que trabajaba para la casa le ofreció a don Jacobo algo para tomar. Después de quince minutos le ofrecieron a don Jacobo la propuesta que podrían pagarle por las dos piezas de oro, como la propuesta de la casa estaba dentro del rango que el señor Ortega le había advertido que podía aceptar, don Jacobo se dejó llevar por la fuerte suma de dinero y aceptando la propuesta de la casa ni siquiera comparó con los demás compradores. Don Jacobo recibió el dinero en efectivo y lo metió en la mochila, aquella suma ocupaba casi todo el espacio de esta.

De camino a su casa, don Jacobo se estacionó en una plaza muy elegante y les pidió a los escoltas que lo acompañaran a hacer unas compras. Estos le dijeron que sería arriesgado, pero don Jacobo no los escuchó y decidió bajar con el dinero. Eran las dos de la tarde y don Jacobo fue el primero en llegar a su casa, cuarenta minutos después llegaron su esposa y sus hijos. Cuando entraron a la sala encontraron cajas de regalos decoradas con moños y envolturas de papel muy fino, cada uno tenía una tarjeta con su nombre, pero no había nadie en la sala, cuando leyeron sus nombres en las tarjetas, Julia exclamó con voz fuerte:

—¡Son para nosotros! Pero, ¿quién los trajo y por qué?

Don Jacobo esperó unos minutos en la recámara y cuando escuchó que estaban abriendo los regalos salió a recibirlos con una sonrisa en su rostro.

—Espero que les gusten sus regalos —decía.

Sus hijos y la señora Ana corrieron a abrazarlo.

—Pero, ¿qué celebramos? —preguntaban.

—Celebramos un gran cambio —respondió don Jacobo.

Doña Ana y Julia recibieron una cadena de oro con un dije de la inicial de su nombre y Eric y Carlos recibieron una tienda de campaña que tanto habían pedido. A la señora Estrada (la abuela del señor Jacobo) le llevó un abrigo muy fino. Don Jacobo compró una enorme caja fuerte de gran calidad que escondió en la bodega, se encargó de que nadie pudiera encontrarla y puso el oro y el dinero en efectivo en esta.

En esa misma semana, don Jacobo, con la ayuda del señor Ortega, compró la casa que rentaron por años y comenzó a buscar una propiedad para poner su restaurante, recorrió varios lotes en venta hasta que dio con la ubicación perfecta, igualmente, el señor Ortega lo asesoró para llevar a cabo la compra. Se trataba de una gran casa de dos pisos que al cabo de unos meses quedó acondicionada para el restaurante. Era un concepto muy original el que don Jacobo tenía en mente, ya que combinaron varios platillos mediterráneos famosos. Doña Ana se encargó de la decoración, el restaurante lucía espectacular. Don Jacobo lo nombró Julia, en honor a su hija. Don Jacobo y su esposa administraban el restaurante, contrataron a un buen chef, cocineros y meseros. Al principio, llegaba muy poca gente, entre ellos, conocidos suyos que habían oído de la noticia. Algunos de ellos preguntaban de quién era el restaurante y don Jacobo tratando de ser discreto aseguraba que el restaurante era de un amigo suyo y que él solo lo administraba. Después del colegio, Eric, Julia y Carlos llegaban al restaurante y trabajaban como meseros algunas horas, ya que don Jacobo los había animado a hacer ahorros para su viaje. En unos meses comenzaron a tener mucha clientela, obligándolos a contratar más personal de servicio y más tarde, a un gerente.

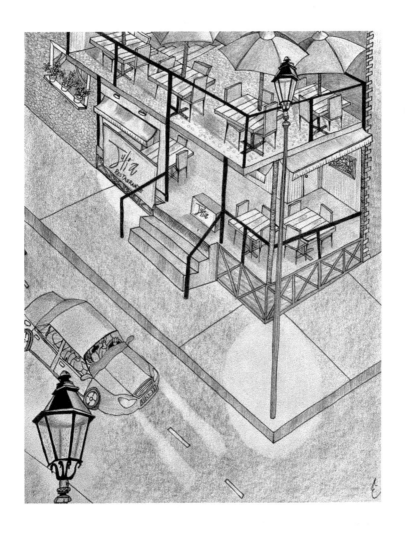

El joven Gilberto, quien se reportaba temprano los días viernes con don Jacobo para entregarle la cobranza y saldos de sus clientes anteriores de la venta de refacciones, llegó un viernes pasadas las siete de la noche al restaurante, ya que la empleada que cuidaba a la señora Estrada en casa de don Jacobo le dijo que este seguía en el restaurante con su familia, le dio la dirección y Gilberto llegó ahí. Cuando se asomó para buscar a don Jacobo, Julia que estaba haciendo su tarea en una de las mesas lo reconoció de lejos y lo fue a recibir, los dos sonreían demasiado al verse después de algunos meses, ya que don Jacobo lo veía por las mañanas en un café cerca del restaurante después de dejar a sus hijos en el colegio y por ello no coincidían. No se habían visto desde aquel día en que llegó por primera vez a presentarse con don Jacobo.

—Gracias por recibirme, me alegra verte de nuevo, tu papá me dijo que ya vas a otra escuela, cuéntame, ¿qué tal te va? —le preguntó Gilberto.

—La verdad, extraño mucho a mis excompañeros de la otra escuela, en esta son todos muy diferentes, no logro hacer nuevos amigos honestamente, no te quiero entretener, supongo que buscas a mi papá —contestó Julia.

—No hay cuidado, y, descuida, nadie hace amigos fácilmente cuando llega a una escuela nueva, sobre todo si el curso ya va avanzado, estoy seguro de que pronto harás varios amigos porque eres alguien muy amable, igualmente, cuentas con mi amistad si así lo deseas —tartamudeaba Gilberto quien apenas podía respirar y dentro de sí se decía, mi voz no pudo salir peor.

Finalmente, Julia le dio las gracias y al no continuar ninguno con la conversación, Julia lo llevó a la oficina de don Jacobo y cerrando la puerta se despidió de Gilberto con una mirada muy pensativa.

—Dios, no me sonrió, ¿será que dije algo malo, o debí haber hablado más con ella? —Se perturbaba dentro de sí Gilberto.

—Gracias por venir hasta acá, Gilberto; discúlpame, me quedé a trabajar en el inventario y olvidé que nos veríamos en mi casa esta tarde, ¿por qué traes esa cara?, ¿paso algo? —preguntaba don Jacobo un tanto preocupado.

—No, señor, todo está bien, solo estaba pensando en una tarea de la escuela, nada importante en realidad —decía Gilberto quien estaba entregando la última cobranza a don Jacobo y comenzaba a perder la esperanza de volverse a topar con Julia.

Después de una hora salió Gilberto, quien se quedó parado fuera de la oficina, a pesar de que había recibido su salario y un generoso bono, el mundo se le venía abajo de solo pensar que ya no volvería a ver a Julia, así que, dejando el miedo a un lado y tomando bastante aire, decidió acercarse a Julia para invitarla a salir, así que, volteando por todos lados para buscarla, la vio sentada en aquella mesa haciendo su tarea, al acercarse, sentía cómo el miedo recorría todo su cuerpo, pero no se detuvo hasta llegar con ella.

—¿Puedo sentarme? —preguntó Gilberto.

—Claro, siéntate —respondió Julia con una sonrisa.

Gilberto comenzó con un:

—He terminado de trabajar para tu papá, y quizás sea difícil vernos otra vez, quisiera saber si podríamos salir a tomar un café o quizás al cine.

—Es algo que tendría que platicar con mis papás, ya que...

En ese momento Julia fue interrumpida por su padre:

—Julia, ¿ya terminaste tu tarea?, ya casi anochece, por favor ven a mi oficina de inmediato, Gilberto, si hay algo más en que pueda servirte, por favor, hazme saber. Con permiso — se retiraba don Jacobo con cierta indiferencia.

En ese momento Julia se paró y murmurando un «perdóname...», se retiró hacia el despacho donde su padre la esperaba en la puerta sin quitarle la vista de encima, Gilberto se fue a casa muy apenado, esperanzado de volver a ver a Julia, determinado a buscar alguna manera de volver a platicar con ella pese a que ya se había dado cuenta de que don Jacobo sería un problema.

Don Jacobo no podía estar más feliz de tener a su familia trabajando a su lado, había pasado ya medio año desde que la familia Herrera había comenzado a trabajar en el restaurante y se acercaban las fechas de vacaciones, así que una noche reunió a su familia y les dijo:

—Gracias a su ayuda, el restaurante ha generado ganancias suficientes para llevar a cabo ese viaje a Europa que me han estado recordando todos estos últimos meses. Es hora de planearlo bien porque en tres semanas ustedes salen de vacaciones, así que les voy a pedir que piensen bien en los lugares que realmente quieren visitar, pueden elegir algunas ciudades, por favor Julia encárgate de organizarlo, aquellos fueron gritos de emoción por parte de sus hijos. Don Jacobo reía con su esposa con cierta complicidad, sabiendo que las ganancias del restaurante no eran precisamente lo que costearía todo el viaje que planeaban. Esa noche sus hijos estuvieron despiertos hasta la madrugada, haciendo esa lista que Julia terminó por completar en su mayoría, ya que sus hermanos no conocían bien de ciudades y a pesar de que estaban muy desvelados, al día siguiente no lograron convencer a doña Ana de faltar a la escuela. Mientras desayunaban, Julia leyó en voz alta la lista a sus padres, quienes quedaron asombrados por la organización con la que Julia junto con sus hermanos habían listado meticulosamente para su itinerario de viaje, no solo habían decidido ya siete ciudades que visitarían, sino que habían programado el orden y su estancia en cada una. La idea les gustó a sus padres, quienes más tarde hicieron solo un par de correcciones en el itinerario. Su viaje abarcaría siete semanas, que era casi todo el periodo vacacional de Eric y Carlos y, en el caso de Julia, solicitaría una semana de permiso. Tras haber hecho las reservaciones de sus vuelos y hoteles con una agencia de viajes, llegó finalmente la fecha del viaje.

La primera ciudad que visitarían sería París tal como lo había prometido don Jacobo, después, partirían hacia Londres, Berlín, Praga, Roma, Madrid y Venecia.

Don Jacobo no escatimó en gastos y reservó en hoteles de lujo. La abuela del señor Jacobo se quedaría con la tía Sofía, hermana de don Jacobo, ya que, por su condición, no era buena idea que volara tantas horas.

Don Jacobo cambió bastante dinero en la divisa local. Su largo y costoso viaje por Europa comenzó. No solo visitaban las principales atracciones en cada destino, sino que, además, desayunaban y cenaban en restaurantes costosos. Aquel fue un viaje de ensueño para la familia Herrera, ya que nunca habían salido de México. Don Jacobo recordaba aquellas palabras del tío Daniel, quien insistía en que tenía que salir a conocer Europa.

Compraron ropa en tiendas de prestigio y varios suvenires. Sin darse cuenta, habían gastado gran parte del dinero que don Jacobo había recibido de aquellas dos piezas de oro tan solo en las primeras cuatro semanas de su viaje. Ya para la séptima semana cuando se encontraban en Venecia, don

Jacobo decidió quedarse un día en el hotel para calcular los gastos que habían hecho relacionados al viaje. Cuando se percató de aquellas cifras se perturbó ya que casi había gastado todo y temía quedarse sin dinero en Italia.

Por la noche, don Jacobo le confesó a su esposa que estaban a punto de quedarse sin dinero, por lo que continuarían el viaje de la manera más sencilla posible. A doña Ana no le pareció nada bien la idea, ya que se había acostumbrado a los lujosos restaurantes y compras, malhumorada y decepcionada le dijo a su esposo que debió haber llevado más dinero, después de esto, se fue a la habitación de su hija Julia para pasar la noche.

Al día siguiente, don Jacobo se despertó temprano y fue a la habitación donde estaban Eric y Carlos, este los despertó y les pidió que lo acompañaran a comprar víveres, recorrieron a pie gran parte del barrio tratando de buscar algún supermercado, pero no encontraban ningún lugar donde vendieran abarrotes, como ninguno de ellos hablaba italiano le preguntaron en español a algunas personas que iban pasando si sabían dónde había un supermercado, al parecer nadie hablaba español ahí, continuaron alejándose más del hotel, de repente escucharon a un chico que venía corriendo hacia ellos y gritando.

—¡Esperen! —les dijo—. Veo que necesitan ayuda para encontrar un supermercado, los he escuchado mientras limpiaba las mesas, soy Lucio, de España, ¿de dónde son ustedes?

—Somos de México —respondió Eric.

—Es un placer, si lo que están buscando es un lugar para comprar abarrotes o comida a buen precio, deben buscar fuera de San Marcos, esta zona es muy costosa —afirmaba Lucio.

Finalmente, Lucio los guio hacia un mercado donde pudieron comprar pan, queso, huevo, leche y embutidos.

Cuando llegaron al Hotel, don Jacobo y sus dos hijos preparaban el desayuno en la habitación de él y su esposa. Hicieron omelette con salchichas y sirvieron pan y leche fresca.

—Nos quedó estupendo, chicos, ya pueden casarse, por favor traigan a su madre y su hermana, díganles que se trata de una sorpresa —les pidió don Jacobo a sus dos hijos.

Al ver doña Ana que aquel desayuno había sido preparado por ellos, le preguntó a don Jacobo por qué no comían en el restaurante del hotel tal como lo habían hecho anteriormente. Al ver la actitud de su esposa, don Jacobo le pidió a esta que salieran de la habitación y les dijo a sus hijos:

—Chicos, por favor, empiecen a desayunar sin nosotros, su madre y yo vamos a platicar.

Caminaron sin decir una palabra hasta el fondo del pasillo donde había un enorme cuadro de la plaza de San Marcos. Mientras lo miraban, don Jacobo le dijo a su esposa:

—¿Sabes que este hotel está muy cerca de esta plaza?

Doña Ana contestó:

—No, no lo sabía.

—Yo les pedí a los de la agencia que nos reservaran en las mejores ubicaciones y los mejores hoteles y, ¿es con esta actitud como quieres terminar este paseo? Hace tan solo unos meses éramos personas que no tenían ni para ir a comer a un restaurante y ahora porque te pido tan solo que no gastemos en lo que resta del viaje te pones así, por favor cambia tu actitud, al menos frente a los chicos —le pidió don Jacobo a su esposa quien no decía una palabra.

Finalmente, salieron a recorrer la plaza de San Marcos y sus alrededores, al caer la tarde recorrieron los canales y cenaron comida italiana. Sus siguientes días en Venecia fueron muy austeros, pero interesantes ya que recorrieron lugares históricos y museos, compraron suvenires no muy costosos como tasas y llaveros, compraban comida en el supermercado para prepararla en el Hotel.

Finalmente, llegó el día de su regreso a casa y por las compras que habían hecho, su equipaje era lo doble de cómo habían salido de México. Llegaron a las once de la noche y la tía Sofía fue a recogerlos al aeropuerto. Durante el camino, la tía Sofía les preguntó:

—¿Por qué vienen tan callados? ¿Les comieron la lengua en Europa? Espero que hayan tomado muchas fotos. Por acá todo sigue igual, la abuela está bien a pesar de que me metió tremendo susto la semana pasada porque se salió de la casa diciendo que tenía que ver a Jacobo, esa mujer te extrañó mucho Jacobo, no hubo día en que no preguntara por ti, siempre fuiste su nieto consentido, aunque no quieras reconocerlo. De hecho, la tuve que llevar al restaurante porque no me creía que habían salido de viaje. Pedimos una pasta italiana que no recuerdo el nombre, estaba muy salada para mi gusto, pero a la abuela le gustó, por cierto, el mesero que nos atendió es muy atento y amable, nos hizo sentir como reinas, incluso, la abuela insistió en darle buena propina a pesar de que es muy tacaña.

—Hablas de David, ¿el de cabello rizado? —preguntó don Jacobo.

—No —respondió la tía Sofía—, su nombre empieza con G, deja recuerdo, espera...

—Ningún nombre de los seis meseros empieza con G, — respondió Carlos muy seguro.

—Ya me acordé, se llama Gilberto —dijo la tía Sofía—. Inmediatamente, Julia, al oír aquello, preguntó:

—¿Gilberto Ramírez?

—No sé su apellido, pero es alto y bien parecido, tiene ojos claros —respondió la tía.

Don Jacobo se dirigió a Julia con un tono no muy agradable:

—¿Cómo es que conoces el apellido de Gilberto?

—De los archivos de las refacciones que me hiciste ordenar por fecha papá, ¿que no recuerdas? —respondió Julia.

—Creo que alguien está celoso —se burlaba la tía Sofía.

—Sofía, no creo que estemos hablando del mismo Gilberto y no sé si Benjamín contrató a un nuevo mesero, pero, sea quien sea, si te trató tan bien como dices, me alegro de que esté trabajando en el restaurante —concluyó don Jacobo.

Al otro día todo regresaba a la normalidad, don Jacobo llevó a sus hijos al colegio por la mañana y después se fue al restaurante. Al llegar, se metió a la cocina en busca de alguna anomalía, pero todo parecía en orden, se preparó un café y se encerró en su oficina para revisar los balances de todo el mes que se habían ausentado, cuando llegó Benjamín, quien era el gerente que había contratado, le pidió todas las cuentas y papeleo de las compras, quería hasta el último detalle, al ver que todo parecía estar en orden, le preguntó a Benjamín:

—Supe que tenemos nuevo personal, ¿realmente necesitamos más manos?

—Ya que sus hijos nos apoyaban por las tardes, empezamos a necesitar más meseros porque nos atrasábamos con el servicio desde que se fueron de viaje —respondió Benjamín—, es algo que le sugiero considerar, ya que está llegando más gente, solo contraté a un muchacho que casualmente vino buscando empleo, lo puse a prueba dos días y resultó muy eficiente.

—Está bien, Benjamín, gracias por tomar la iniciativa —contestó don Jacobo—, solo por curiosidad, ¿cómo se llama el chico? —preguntó.

—Gilberto —contestó Benjamín.

—Gilberto, ¿qué? —volvió a preguntar don Jacobo.

—Gilberto Ramírez, nos trajo su acta de nacimiento y demás información que los demás meseros tienen en su archivo, toda la trajo —respondió Benjamín al ver la desconfianza de don Jacobo.

—Gracias por todo tu apoyo, Benjamín, estás haciendo un trabajo excelente.

Cuando Benjamín salió de la oficina, don Jacobo revisó el expediente de Gilberto para confirmar si se trababa de quien trabajó para él en la venta de refacciones, al ver su foto, lo confirmó.

Al medio día comenzaron a llegar los meseros y don Jacobo se encontraba en la cocina, al ver llegar de lejos a Gilberto se acercó a él y le pidió que pasara a su oficina.

—Siéntate, por favor, qué sorpresa tenerte por acá, Gilberto —decía don Jacobo, quien estaba detrás de su escritorio—, me da curiosidad que quieras trabajar como mesero, sobre todo, porque supongo que sigues en la escuela, cuéntame por qué quieres trabajar aquí.

Gilberto respondió:

—Ya que solo debo pocas materias, asisto a la escuela un par de horas por la mañana, por lo que puedo trabajar aquí hasta la noche, me parece que usted y yo hicimos buen equipo con la cobranza de su negocio anterior y por eso vine a buscar trabajo con ustedes.

—Entiendo —respondió don Jacobo—, entonces, ¿no existe alguna otra razón?

—No, señor, realmente necesito el trabajo —dijo Gilberto.

—De acuerdo, Gilberto, solo quiero que tengas bien claro esto: no porque nos conozcamos de antes, te daré un trato diferente al de los otros meseros —añadió don Jacobo.

Los ojos de Gilberto reflejaban sorpresa y confusión.

Entrada la tarde, ya había bastante gente y los meseros y cocineros no se daban abasto, había gente haciendo fila en la parte de afuera, el restaurante se había hecho famoso por la comida y la gente lo recomendaba. Cuando Gilberto salió de la cocina por poco tira los platos que llevaba cuando vio a Julia y a sus hermanos llegar, al no saber cómo reaccionar, pretendió no haber visto a nadie y siguió atendiendo las órdenes con más de la acostumbrada atención sin voltear a ver siquiera a otros lados, solo se enfocaba en tomar y llevar las órdenes de los comensales que se le habían asignado, al cabo de un rato, una de sus mesas pagó la cuenta y Gilberto se dirigió a la caja que se encontraba al lado de la oficina de don Jacobo, sin poder evitarlo, al ver de reojo que Julia iba con dirección hacia la caja, comenzó a ponerse nervioso y en instantes pasaba por su mente la idea de escapar, volteó a la izquierda y vio el baño de empleados y decidió meterse, justo antes de abrir la puerta del baño recordó que tenía el dinero del cliente en la mano y que podría interpretarse como si se estuviese robando el dinero así que, en instantes, prefirió enfrentarse a Julia quien se veía espectacular con su cabellera toda recogida hacia un solo lado y que en el otro extremo llevaba un moño color rojo, fueron quizás los diez metros más largos que Gilberto caminó en su vida porque no volteaba más que hacia la caja, pensando que quizás sería una grosería no voltear a ver a Julia, pero, aun así, evitaba voltear. Al llegar a la caja, respiró porque Julia había cambiado su rumbo, entregó el dinero y la nota y comenzó a relajarse con la plática amena de la señora Nelly, quien era la cajera, de repente, unas manos humectadas y un poco frías le taparon los ojos y de la nada, le llegó un perfume exquisito que para Gilberto solo alguien muy especial podría usar, la mente de Gilberto comenzó a trabajar a mil por hora llegando a la conclusión de que se trataba de Julia, y antes de que Gilberto dijera alguna burrada, la señora Nelly asombrada, al verlos les preguntó:

—¿Es que ustedes dos ya se conocían?

82

Julia, con un tono entre enojada y jugando, respondió:

—Sí, pero este chico parece no conocerme, le estuve llamando y haciendo señas, pero no volteaba.

—Perdóname —dijo Gilberto—, el ruido de toda la gente seguro hizo que no te escuchara, hoy hay casa llena y estoy atendiendo seis mesas —añadió—, y, además...

—Ya lo sé —interrumpió Julia mientras reía—, solo quería molestarte.

Y, tomando la mano de Gilberto, Julia le puso una pulsera de tela tejida a mano con su nombre.

—Para que los clientes te llamen por tu nombre —decía Julia con una sonrisa tan grande que descubría su bella dentadura.

—Es genial, gracias, ¿cómo sabes que me gustan las pulseras? —preguntaba sarcásticamente Gilberto con sus cuatro pulseras en cada mano—. ¿La compraste en tu viaje?

—No, de hecho, la compré hoy con una señora en la escuela que trabaja en la cooperativa, ya que lo sé todo, sabía que te vería hoy —bromeaba Julia.

Gilberto, entre sorprendido y extasiado por el gesto de Julia, de entre sus varias pulseras, comenzó a quitarse la menos gastada y más limpia que era de hilo encerado con tonos azules claros y oscuros.

—Déjame darte algo como gesto de bienvenida. —Y Gilberto le dio la pulsera a Julia.

—¿En serio me la regalas?, pero, si es tuya.

—Sí, perdona que ya esté usada, pero es mi favorita y quiero que la tengas —dijo Gilberto.

—Sí, pero pónmela —le pidió Julia.

Mientras Gilberto le ponía la pulsera, se abrió la puerta de la oficina de don Jacobo y, Gilberto sin siquiera terminar de amarrar los extremos de la pulsera se apartó de Julia y la miró con nerviosismo.

—Tranquilo, no pasa nada —Julia calmaba a Gilberto—, solo es Benjamín, además, no estamos haciendo nada malo, ya no te quiero entretener más —dijo Julia y se despidió mientras caminaba hacia la oficina de su padre.

Al día siguiente, mientras la familia Herrera desayunaba, don Jacobo vio la pulsera de Julia que Gilberto le había regalado amarrada en su muñeca.

—Qué interesante pulsera, ¿la compraste en el viaje? —preguntaba don Jacobo a Julia.

—Se la regaló Gilberto, el nuevo mesero —afirmaba Carlos en tono burlesco.

—Y, a ti, ¿quién te preguntó?, ¡metiche! —reaccionaba Julia ante aquellas acusaciones.

—¿De verdad te la dio Gilberto? —dijo indignado don Jacobo.

—Sí, ¿y qué? —respondió Julia ya exasperada.

—Simple curiosidad, los colores me gustan mucho, eso es todo, es más, parecen los tonos que estoy buscando para unos manteles que quiero comprar. —Don Jacobo sonaba muy sincero y, convenciendo a Julia de que le prestase la pulsera, se la llevó consigo.

Por la tarde, don Jacobo le pidió a Gilberto que entrara a su oficina, y, teniéndolo de frente, este sacó de su portafolio la pulsera azul que le había dado Gilberto a Julia.

—Toma, Gilberto, te devuelvo tu pulsera, Julia no puede aceptarla al igual que si tratas de regalarle alguna otra cosa.

—Señor, no entiendo que tiene de malo, no lo hago con una mala intención, ¿cuál es la razón por la que no puede aceptar un regalo? —preguntó Gilberto.

—Simplemente, no puede, así de simple —contestó don Jacobo.

—Señor, con todo respeto, su respuesta carece de argumentos, pero respeto su decisión, ¿puedo retirarme? —preguntó Gilberto lleno de coraje y confusión dentro de sí.

—No, hay algo más, por favor no te acerques a Julia —concluyó don Jacobo.

En ese momento, Gilberto, sin decir una palabra, se quitó el delantal, lo extendió sobre la silla, y se retiró del restaurante sin intenciones de volver.

Cuando Julia llegó al restaurante con sus hermanos volteaba por todos lados esperando ver a Gilberto, pero era inútil, era obvio que Gilberto no estaba.

—Quizás se enfermó o tuvo que ir a la escuela —pensaba Julia.

Después de dos horas ayudando con las mesas entró a la oficina con su padre.

—Papá, ¿ya no vas a necesitar mi pulsera? —preguntaba ingenuamente Julia.

—Sí, hija, aún la necesito, te la daré cuando encuentre los colores que busco.

—Está bien, y este delantal sobre la silla, ¿es tuyo? —preguntó Julia.

—No, hija, era de Gilberto, renunció esta tarde sin ni siquiera dar una razón, fue muy irresponsable de su parte y poco ético no haber avisado con antelación, ¿no lo crees?

Aquellas palabras fueron un golpe fuerte para Julia, quien respondió con la voz quebrada:

—No lo sé, papá, no conocemos por lo que esté pasando, perdona, tengo que usar el sanitario.

Apenas iba saliendo de la oficina se esforzaba por no llorar, se quedó allí por media hora, no sabía si lo que le dijo su padre era del todo cierto, no tenía idea de porque se había ido Gilberto después de lo que había pasado apenas un día antes, en su mente trataba de recordar todo lo que le dijo a Gilberto la última vez que se vieron, tratando de identificar algo que pudo haberlo hecho sentir mal, pero parecía que todo había estado bien, cuando se calmó, salió del sanitario y trató de hacer su tarea, pero no podía concentrarse.

Cuando llegaron a casa, Julia fue sigilosamente a la habitación de su madre quien ya no trabajaba en el restaurante, al verla, la abrazo y Julia comenzó a llorar amargamente.

—Hija, ¿qué te pasa?, cuéntame —preguntaba su madre angustiada.

—Es Gilberto —dijo Julia—, ya no trabaja en el restaurante porque creo que mi papá no lo quiere.

—Hija, puedo entender a tu padre, simplemente él quiere lo mejor para ti —respondió doña Ana.

—¿Y por eso no puedo ser amiga de Gilberto? —preguntó Julia.

Doña Ana respondió con un frío:

—Ya llegará alguien adecuado para ti.

Pasaron un par de semanas y Julia no perdía la esperanza de que Gilberto regresara al restaurante. Al ver que este no regresaba se le ocurrió revisar el expediente que estaba en la oficina de don Jacobo.

—Quizás su dirección se encuentre allí —pensó.

Así que, esperó varias horas a que su padre saliera de la oficina para husmear los archivos, después de buscar entre aquellas carpetas amarillentas encontró los documentos de Gilberto, copió su dirección en una servilleta y la guardó en la bolsa de su suéter. Esa noche Julia pidió permiso para quedarse a dormir en casa de una compañera de la escuela con el pretexto de que necesitaba hacer una tarea importante.

—No vayas por mí a la escuela —dijo Julia a su madre—, la mamá de Andrea pasará por nosotras y de ahí, iremos a su casa.

Al siguiente día que llegaron a casa de Andrea después de la escuela, Julia confesó a su amiga su plan de ir a buscar a Gilberto a la dirección que había tomado de la oficina de su padre, así que, asegurándose de que los padres de Andrea no la vieran, salió sola a buscar la dirección, tomó un taxi y, dándole la dirección al taxista partieron hacia la casa de Gilberto que estaba retirada de la casa de su compañera, mientras tanto, Andrea se las ingeniaba para hacer pensar a sus padres que Julia estaba con ella.

Cuando Julia llegó a la dirección de la servilleta comenzó a sudar de los nervios, pero siguió adelante y, bajando del taxi, se dio cuenta de que olvidó llevar dinero, cuando Julia le dijo al taxista que no tenía dinero, este se molestó y amenazó con que no se retiraría de ahí hasta que le pagara.

—Señorita, fue un viaje demasiado largo y tengo muchas deudas, por favor, déjese de bromas y consiga el dinero con su familia o amigos que viven aquí —dijo el taxista.

—Señor, usted no entiende, vengo a buscar a un amigo que no sabe que vengo, no puedo pedirle dinero ni a él ni a su familia en estas circunstancias, sería demasiado vergonzoso —respondió Julia.

—Señorita, con todo respeto, ese no es mi problema, aquí me quedaré hasta que le abran, por favor, consiga el dinero —repitió el taxista.

A Julia no le quedó de otra más que tocar la puerta y pedir el dinero para pagar el taxi, después de tocar la campana salió la madre de Gilberto y al ver a aquella linda chica sonrió, y le dijo:

—Buenas noches, dígame, señorita, ¿en qué puedo ayudarla? Cuando Julia la vio comenzó a llorar de impotencia y frustración por las circunstancias.

—No llores linda, ¿qué tienes? —Y salió de su casa para consolarla.

—Soy amiga de Gilberto y vine a verlo, pero olvidé traer dinero y este señor no quiere irse hasta que le pague.

—No tienes nada de qué preocuparte, hija —respondió la mamá de Gilberto y abrazándola le gritó al taxista—: no hay necesidad de presionar a una niña de esta manera por unos cuantos pesos, en seguida sale mi esposo a pagarle.

—Le devolveré el dinero en cuanto pueda, por cierto, me llamo Julia.

—No hay por qué preocuparse, solo olvídalo y entra a la casa, yo soy Ruth la mamá de Gilberto. —Reía—. Ahora mismo llamo a mi hijo, ¿tú eres la hija del señor Jacobo? —preguntó sorprendida.

—Sí, ¿cómo me conoce?

—Porque mi hijo nos habla mucho de ti, pero no nos había dicho lo guapa que eres, por favor, espera aquí mientras llamo a Gilberto —decía la señora Ruth mientras caminaban hacia la sala.

Julia estaba sentada en aquella sala que no reflejaba detalles lujosos, pero que era sumamente acogedora, miraba la casa maravillada, ya que no podía creer que estaba nada más y nada menos que en la casa de Gilberto, el solo hecho de saberlo hacía que Julia se estremeciera. De inmediato salió el padre de Gilberto, quien al ver a Julia solo se le ocurrió un:

—Eres bienvenida, ahora regreso —decía mientras salía para pagarle al taxista.

Cuando esté regresó, se presentó con Julia.

—Ese taxista sí que es un cascarrabias. Quizás no te acuerdas de mí, soy Fernando, amigo de tu papá, cuando éramos niños íbamos a nadar a la vieja alberca que está en la ex Hacienda del Agua, que como quizás ya lo sepas, más tarde se convertiría en un cementerio público. Seguro que ya te habrá contado las travesuras que hacíamos ahí, sobre todo las historias macabras que ocurrían en ese lugar.

—La verdad es que mi papá reserva las mejores historias para mis hermanos porque son hombres, respondió Julia.

Con una carcajada el señor Fernando dijo:

—No, Julia, no creo que se atreva a decirles nada a ustedes de lo que él hacía. Ya debe de venir Gilberto, no sé por qué te hace esperar tanto, discúlpalo.

Mientras tanto, en la recámara de Gilberto, su madre lo avisaba:

—Hijo, adivina quién está en la sala preguntando por ti.

—Es Abraham o Charly —respondió Gilberto muy seguro.

—No, de hecho, es mujer, bueno, quiero decir, una chica — respondió la señora Ruth.

Al ver la sonrisa y la mirada de su madre, Gilberto preguntó:

—¿Julia?

—Sí —respondió su madre.

—¿Mi Julia? —volvió a preguntar Gilberto.

—Sí, corre que lleva rato hablando con tu papá, ve antes de que tu padre diga una burrada —agregó.

Cuando salió Gilberto y vio a Julia en su sala, se emocionó tanto que se olvidó de su timidez y caminó directo a abrazarla, mientras la abrazaba le susurró preguntando:

—¿Cómo sabes dónde vivo?

—¿Que no te acuerdas que te dije que yo lo sé todo? ¿Por qué nos dejaste? —preguntó Julia.

Gilberto, en vez de confesarle a Julia lo mal que se había portado don Jacobo con él, le contestó que tenía una gran presión en la escuela, ya que estaban en exámenes finales.

91

También le dijo que realmente sentía no haberse podido despedir de ella y que tenía planeado ir a buscarla en cuanto terminara la semana de exámenes.

—Gilberto, ¿por qué no llevas a Julia al café que acaban de poner aquí cerca en la siguiente calle?, seguramente tú y Julia tienen mucho de qué hablar —preguntaba la señora Ruth.

—Sí, es buen lugar, regresamos en un rato —respondió Gilberto.

Cuando estaban en el café, por fin pudieron tener una buena conversación, sin llegar a silencios incómodos, platicaron de todo un poco, de la escuela, sus exámenes, sus programas y películas favoritos, sus grupos musicales y canciones favoritas.

—Julia, tal vez lo hayas notado, la verdad es que me gustas mucho —confesó Gilberto de la nada después de que hablaban de música—. Desde que te fuiste de viaje me arrepentí de no decírtelo antes y no quiero que el tiempo pase sin que lo sepas.

El corazón de Julia latía tan fuerte que ella misma lo sentía en sus oídos, su respiración agitada no le permitía hablar bien y continuó:

—Gilberto, agradezco mucho tus palabras, desde que te conocí, supe que eras una gran persona; en las pocas veces que pudimos hablar, me di cuenta de que somos tan parecidos, verás, desde que yo era pequeña, siempre quise tener un hermano mayor y después de tratarte y ver cómo mi papá te quería, supe que eras alguien muy cercano, tanto como un hermano...

—Entonces, por favor, aclárame una cosa —interrumpió Gilberto—, ¿tú no sientes lo mismo que yo? —Julia lo miró y lamentando decepcionarlo, contestó: no te veo de esa forma—. Está bien, gracias por aclararlo, no podría llevarme esa duda a la tumba —respondió Gilberto en tono de broma. Estaba destrozado por dentro, pero, por otra parte, se había quitado de dudas. A continuación, hubo un silencio incómodo.

—Espera aquí, por favor, voy a pagar la cuenta —dijo Gilberto a Julia, esta vez sin sonrisas.

Cuando Gilberto llegó por ella para irse, Julia estaba llorando, Gilberto no sabía cómo reaccionar, ya que se encontraba en completa confusión.

—Vámonos, Julia, tus papás quizás estén preocupados. — Caminaron a la casa de Gilberto sin decir una palabra.

Cuando subieron al auto, Julia le dijo a Gilberto:

—No voy a mi casa, me estoy quedando con una amiga, por favor, llévame con ella.

—Claro, no hay problema, solo guíame a la dirección — agregó Gilberto.

De nuevo hubo un silencio incómodo. Para mejorar el ambiente, Gilberto encendió la radio que se encontraba en su estación favorita, sonaba la canción de «Lovin you» de Minnie Riperton, Gilberto cambió la estación y ahora sonaba «Baby come back» de Player, pareciera que la radio quería hacer de aquel momento algo aún más incómodo, no le quedó de otra más que dejar la canción sonar. Finalmente, llegaron a casa de Andrea, Julia le agradeció a Gilberto por todas sus atenciones y se despidió con un:

—Perdona si te he causado molestias y confusión, nunca fue mi intención.

—No hay problema, hermana menor —respondió Gilberto en tono de broma.

Los dos sonreían mientras él se iba. El camino de Gilberto de regreso fue aún más difícil para él, y más porque en la radio no dejaban de sonar más temas románticos, se contuvo las ganas de llorar pensando:

—¿Cómo pude ser tan tonto y enamorarme de ella tan solo porque fue amable conmigo?, seguro que es así con todos y yo... ya no quiero saber nada, pero ¿por qué me dio una pulsera con mi nombre?, yo no le regalaría a un hermano mayor una pulsera con su nombre, hermano mayor mis polainas —pensaba en voz alta.

Cuarta parte

Pasaron seis meses de aquella situación, Julia estaba con su padre en la oficina del restaurante ayudándolo a organizar papeleo, eran las tres de la tarde de un viernes, de repente, alguien tocó a la puerta.

—¡Adelante! —gritó don Jacobo.

—Disculpe, lo busca un señor llamado Joaquín.

—¿Joaquín?, no sé quién sea, pero déjalo pasar —pidió don Jacobo.

Al entrar esta persona, don Jacobo reconoció aquel rostro pedante y sabelotodo, se trataba del señor Ortega, quien lo había ayudado a vender las piezas del oro y a comprar la propiedad del restaurante.

—Qué sorpresa, hace tiempo que no sabía de usted, por favor tome asiento, ¿gusta un café? —ofrecía don Jacobo.

—Sí, gracias, un americano sería perfecto para este frío.

—Por supuesto —dijo don Jacobo—. Julia, por favor, tráele un americano al señor, ella es mi hija —presentaba don Jacobo a Julia.

—Encantado, señorita, respondió Ortega.

Al cerrar Julia la puerta, el señor Ortega felicitó a don Jacobo:

—Enhorabuena, este lugar es increíble, me hubiera gustado trabajar con usted aquí, pero veo que se las ha arreglado muy bien sin mí. Después de que compró la propiedad no volví a saber de usted.

—Es cierto —contestó don Jacobo—, la verdad es que no creí que me las arreglaría yo solo, también tengo estudios, sabe, y trabajé varios años en el restaurante de mis tíos, llegué a estar a cargo, más tarde, vendieron el negocio, pero uno aprende varias cosas, —añadió don Jacobo.

—Mírese nada más cómo ha cambiado usted, no es el mismo que conocí antes. —Reía con empatía el señor Ortega.

—No puedo negar eso —contestó don Jacobo, que empezaba a relajarse con la visita.

En ese momento, Julia llegó con el café.

—Aquí tiene su café, señor.

—Muchas gracias, señorita —contestó Ortega mientras le sonreía a Julia.

Don Jacobo percibió como la miró y no le gustó mucho, así que llamó a Julia para que se sentase al lado suyo, al ver Ortega que Julia permanecería en la oficina le pidió a don Jacobo que hablaran en privado.

—Julia, por favor, ve a ver si necesitan algo en la cocina y apóyalos, necesito hablar con el señor —le pidió don Jacobo a Julia.

Cuando esta salió de la oficina Ortega continuó:

—Ya pasó casi un año desde que abrió el restaurante y no me volvió a contactar, ¿es que ya no piensa invertir en nada más

97

don Jacobo?, el negocio restaurantero es muy prometedor, pero a la vez demasiado desgastante para mi gusto y eso usted ya lo sabe, sin embargo, usted podría estar ganando muchísimo dinero sin mover un solo dedo, su tío Daniel me encomendó la tarea de abrirle el panorama respecto a inversiones y eso es precisamente lo que traté de hacerle saber en un principio, pero usted todo lo que quería era un restaurante, no lo entiendo, realmente pensé que usted era más ambicioso, ni siquiera pidió mi consejo para invertir.

—¡Disculpe! —interrumpió don Jacobo—, el hecho de que no lo haya llamado antes es porque no tengo prisa en invertir por ahora, más adelante, cuando sea oportuno lo haré, aunque no lo crea, este negocio nos da lo suficiente para vivir bien y ya estamos en planes de abrir otro, además, estoy consciente de que el valor del oro está incrementando bastante, el hecho de que yo lo tenga guardado ya es para mí un gran respaldo y una buena inversión.

—Respeto su decisión, don Jacobo —interrumpió Ortega—, tan solo le pido que escuche y vea por usted mismo cuánto podría generar si usted invirtiera en bienes inmuebles.

—Disculpe por la pregunta, pero ¿esto tomaría más de una hora? —preguntó don Jacobo mientras veía su reloj de pulso.

—Por supuesto que no, solo tomará un momento, ni siquiera media hora —prometió el señor Ortega mientras tomaba su portafolios de piel y lo abría para sacar dos carpetas con colores negros y rojos que lucían impecables y llenaban aquel ambiente de un olor perfumado y nuevo muy agradable y que daban la impresión de que el contenido era algo definitivamente importante y elegante a la vez.

Y así comenzó Ortega su presentación:

—Don Jacobo, es hora de que piense en grande, por fortuna, entre mis muchas actividades, trabajo con una inmobiliaria llamada «Monarcas», sus oficinas principales están en Hermosillo, Estado de Sonora, este es el catálogo de propiedades, le sugiero que invierta en una propiedad para renta de comercios, por ejemplo, estas tres que usted ve aquí son diseñadas para eso y están ubicadas en una zona comercial bastante transitada del centro de Hermosillo, estos son los precios, por experiencia, yo le garantizo, don Jacobo, que, si usted llegara a rentar tan solo el cuarenta y cinco por ciento de una plaza como estas, le podría generar al año hasta dos veces el valor del inmueble.

Don Jacobo se sorprendió de oír aquello, sin embargo, después de que viera el precio de estas, agregó:

—Estos precios son demasiado dinero, ni siquiera creo que con todo el oro que tengo pueda comprar una propiedad así.

—Con gusto puedo ayudarlo a calcular un aproximado sin que tenga que vender ninguna pieza y así podremos saber si puede invertir en un proyecto así, de nuevo, le dejo aquí mis datos y los catálogos de propiedades, como prometí, quiero ser breve y no le quito más el tiempo —dijo Ortega mientras apretaba la mano de don Jacobo.

—Gracias, señor —contestó don Jacobo—, parece un proyecto muy interesante, sin embargo, preferiría invertir en una propiedad más cerca de aquí, de donde vivo, no entiendo por qué hasta Sonora.

—Qué bueno que toca ese punto, don Jacobo —respondió Ortega—, ningún comerciante de aquí del estado de México pagaría más de treinta y cinco grandes mensuales por un local en una plaza comercial como estas, aunque esté en la mejor de las zonas, dada la manufactura y la ubicación de estas plazas en promedio deben ser como mínimo cuarenta grandes por local de la renta mensual, los comerciantes en Hermosillo lo pagan sin ningún problema, es más, tengo aquí un balance de una empresa en Hermosillo a la que presto mis servicios para que usted valide esta información.

—Disculpe, señor Ortega, ¿no debería ser esa información de su cliente confidencial? —interrumpió don Jacobo.

—Por supuesto, don Jacobo, respondió Ortega, como puede ver le tengo absoluta confianza a usted y por ello me permito mostrarle solo esta información del mes pasado.

—No, no es necesario —exclamó don Jacobo con cierto aburrimiento—, ya he visto en términos generales su presentación y lo cierto es que la encuentro interesante, lo voy a considerar y si nos interesa el proyecto lo contactaremos para que nos dé más información al respecto.

—Por supuesto, don Jacobo, estoy a sus órdenes —respondió Ortega quien tras una calurosa despedida se retiró.

Don Jacobo llegó a su casa con la mente puesta en el proyecto de Ortega, pensaba en lo agotado que terminaba después de trabajar en el restaurante y en lo cómodo que estaría recibiendo dinero por la renta de un inmueble.

—Amor —le dijo a su esposa al entrar a su habitación—, creo que hicimos mal en no pedir la ayuda del señor Ortega.

—Y, ¿acaso no estuve diciéndote que pidieras su consejo cuando nos lo ofreció? —respondió la señora Ana en tono de reproche—, pero tú, Jacobo, estabas encaprichado con tu restaurante.

—¡Y no me arrepiento de haberlo hecho! —interrumpió don Jacobo molesto, y continuó—: el restaurante es ahora nuestro medio de vida y tenemos oro guardado. Y para tu tranquilidad, Ortega volvió a ofrecer su ayuda, por eso quería saber qué piensas de invertir en una plaza comercial para la renta de locales, he estado pensando todo el día en que es la mejor inversión que podríamos hacer, piénsalo, recibir la renta de varios locales, ni siquiera tendría que trabajar más en el restaurante.

—¿De verdad nos alcanza para eso? —preguntó doña Ana.

—Ortega nos puede ayudar a vender el oro al mejor precio, en caso de que sea suficiente, podemos comprar la propiedad —respondió don Jacobo emocionado.

—¿Y de verdad está tan interesado en ayudarnos? ¿Qué recibiría él a cambio? —dudaba doña Ana.

—Él recibiría la comisión de la inmobiliaria con la que trabaja, no tendría por qué cobrarnos más —respondió don Jacobo.

Después de darle todos los detalles, doña Ana respondió emocionada:

—En ese caso, claro, suena muy bien, dile a Ortega que aceptamos.

No fue difícil para ambos aceptar la propuesta de Ortega y en esa misma semana don Jacobo y Ortega llevaron todas las piezas de oro que le quedaban a una casa de compra donde había un valuador que Ortega conocía de años, el total cubría el precio para el inmueble y les quedaba un poco más. Al conocer don Jacobo el total de su oro comenzó a dudar si debía venderlo todo para adquirir aquella propiedad, ya que se quedaría con una suma pequeña, así que decidió no venderlo en ese momento hasta conocer en persona el inmueble. Ortega aceptó llevarlo a él y a doña Ana hasta Hermosillo para que conocieran la propiedad, programaron su salida para dentro de dos días.

Don Jacobo no sabía en realidad como comprobar que la propiedad se encontraba legalmente bien, así que antes de su viaje se asesoró con un primo suyo, quien le dijo que consultara en Hermosillo el registro público de la propiedad para saber si la inmobiliaria era el propietario y si esta se encontraba en orden, antes de hacer cualquier pago, con esa información él podría estar seguro de comprar.

A fin de tener tiempo para consultar el registro público en Hermosillo, don Jacobo y doña Ana se adelantaron un día antes de lo acordado con Ortega. Al llegar, don Jacobo dio la ubicación del inmueble proporcionada por Ortega al encargado, un tal Pedro Silva, según decía en su gafete, después de diez minutos de espera, el encargado confirmó que el estado del inmueble estaba en orden y pertenecía a la inmobiliaria Monarcas.

—¿Necesitan alguna otra información? —preguntaba el encargado a don Jacobo y doña Ana.

—No por el momento, agradecemos su atención — respondió don Jacobo, quien estaba satisfecho de haber validado la información que Ortega proporcionó.

Y saliendo de aquellas oscuras oficinas tomaron un taxi y se fueron a almorzar a un restaurante que el taxista les recomendó, ya que durante el vuelo no habían podido comer nada.

—Tenía tiempo que no te veía tan contenta —dijo don Jacobo a su esposa.

—Solo estoy feliz de estar en aires diferentes —respondió doña Ana—, nunca había estado en Sonora y todo esto me tiene muy emocionada, el señor Ortega es alguien muy honorable por asesorarnos en este proyecto. Nunca me imaginé ser dueña de una plaza, imagina cuantas tiendas de ropa podrían rentar nuestros locales.

—Me gusta tu actitud —dijo don Jacobo a su esposa.

Al otro día llegó Ortega más elegante que de costumbre, con quien se encontraron en el lobby del hotel donde se hospedaban don Jacobo y su esposa.

—¿Están listos para ver la plaza? —gritaba con emoción el señor Ortega.

—¡Más que listos! —respondió doña Ana con una gran sonrisa en su rostro.

—Pues andando —respondió Ortega mientras pedía un taxi con la recepcionista.

Aquel trayecto enamoró a Don Jacobo y a su esposa, quienes pasaron por la Plaza Zaragoza y sus alrededores históricos.

—Aquí tienen de todo —alardeaba Ortega—, teatros, cines, museos, galerías de arte, como pueden ver aquí es el lugar perfecto para invertir en un patrimonio, créanme. Permítame decirle don Jacobo, que, si firma con nosotros, la inmobiliaria se hará cargo de la publicidad de sus locales por los primeros seis meses, usted no tendrá que invertir nada hasta el séptimo mes.

Don Jacobo sorprendido, contestó:

—Eso suena muy bueno para ser verdad, pero si usted lo dice no tengo ningún problema —respondió don Jacobo con cierta risa fingida.

Al llegar, don Jacobo y su esposa se quedaron boquiabiertos por el tamaño de aquella propiedad, era una plaza enorme, los locales, los pasillos y demás servicios eran de primera calidad, después de recorrerla por completo don Jacobo le preguntó a su esposa:

—¿Qué piensas de la plaza? ¿Decimos que sí?

—Doña Ana no tardo en contestar, por supuesto.

Cuando don Jacobo confirmó a Ortega que si querían comprar la propiedad, este estrechó su mano diciendo:

—Me alegro por usted don Jacobo, es una gran oportunidad, el precio de este inmueble puede elevarse si deja pasar más el tiempo, felicidades, iniciaremos el papeleo con la inmobiliaria al llegar a casa.

Cuando llegaron a Estado de México, don Jacobo y su esposa reunieron a sus tres hijos y les explicaron el proyecto de la plaza.

—¿De verdad compraron un centro comercial? —preguntaba Julia asombrada.

—Sí, y eso no es todo, hay más sorpresas —respondió don Jacobo—, es muy posible que nos mudemos a Hermosillo.

Hubo un silencio que duró unos segundos, la idea parecía no gustarle a ninguno de sus hijos quienes tenían toda su vida en Estado de México.

—Tranquilos, quiten esa cara, veo que no les agrada mucho la noticia, lo mejor para todos sería mudarnos, pero no es algo seguro aún —agregó doña Ana tratando de animarlos.

Al día siguiente, don Jacobo y su esposa se reunieron con el señor Ortega en la casa de compra que él les había mencionado anteriormente para vender su oro, todo el dinero en efectivo pudo caber en una maleta grande que don Jacobo había guardado por años en su bodega.

Al día siguiente, don Jacobo citó a Ortega en la oficina del restaurante. Estando todos reunidos, don Jacobo preguntó con cierta desconfianza a Ortega:

—Y bien, ¿a quién debo darle el dinero?

—Puede dármelo a mí y yo mismo lo llevaré a las oficinas de Monarcas —respondió Ortega.

A lo que don Jacobo contestó:

—No me lo tome a mal, señor Ortega, es solo que me gustaría llevar el dinero personalmente y hacer los trámites allá, por favor, dígame en donde está la oficina más cercana de Monarcas, no lo mencione antes, pero me gustaría conocerla antes de hacer cualquier trámite —agregó don Jacobo.

—Entiendo totalmente su preocupación —respondió Ortega, y anotando en un papel la dirección dijo—: aquí tiene, por supuesto que puede ir personalmente a pagar a las oficinas.

Al leer la dirección, don Jacobo exclamó:

—Esto está en la Ciudad de México, de acuerdo. ¿Por qué no nos lleva ahora? — preguntó don Jacobo a Ortega.

—Con gusto los llevo —respondió Ortega—, siga mi vehículo para guiarlos.

Tardaron poco más de una hora en llegar a la dirección. Al bajar del auto, don Jacobo y doña Ana observaban aquellas instalaciones minuciosamente para convencerse a sí mismos de que Monarcas era una inmobiliaria seria. Todo parecía impecable.

—Al parecer son oficinas nuevas —mencionó don Jacobo.

—Para nada —agregó Ortega—, estas oficinas tienen más de veinte años aquí, acaban de pintar hace unos días y dieron mantenimiento, pasen adentro, por favor.

Al entrar, observaron una sala de espera grande y un pasillo largo donde se percibían varias puertas de oficinas cerradas, la recepcionista los atendió de una manera muy atenta y al ver a Ortega añadió:

—Veo que el señor Ortega es su asesor, pueden pasar a la sala de juntas para estar más cómodos.

Aquella sala era muy elegante y grande, los asientos eran de piel genuina y la mesa era de madera fina con un cristal oscuro, en la pared lucia el logotipo de Monarcas a gran escala. Después de sentarse, doña Ana, Ortega y el señor Jacobo tomaron asiento.

—Y bien, ¿qué les parece la oficina de Ciudad de México? —preguntó Ortega.

—Pues, honestamente, es muy elegante —confesó don Jacobo.

—Pienso lo mismo —agregó doña Ana.

Ortega continuó:

—Entonces, señores, ¿continuamos con los trámites?

—Sí —respondió don Jacobo.

—Bien, primeramente, usted puede leer el contrato de compraventa y, si está de acuerdo, ambas partes lo firmaremos después de pasar a la caja, el contrato se le entregará una vez que haga el pago.

—De acuerdo, ¿a quién le entrego el dinero? —preguntó don Jacobo.

—Puede pasar a la caja que está en la última puerta del pasillo, entregue este documento a la cajera —respondió Ortega.

Doña Ana acompañó a don Jacobo hasta el final del pasillo mientras que Ortega esperaba en la sala de juntas, casi al llegar, vieron que la penúltima puerta tenía un letrero que decía caja.

—Ortega dijo que la caja está en la última puerta —afirmaba doña Ana.

—Quizá lo olvidó o recientemente la cambiaron —respondió don Jacobo.

Al llegar a la última puerta sin letrero, tocaron.

—Adelante —respondió una voz femenina.

Fueron recibidos por una mujer joven y bien parecida, al ver el documento, aquella señorita quien se presentó como Jennifer Castillo exclamó:

—¡Oh! Están comprando la Plaza Mármol en Hermosillo, felicidades, es una gran propiedad, sobre todo por la ubicación en la que está. ¿Ya conocieron la propiedad en persona?

—¡Ya! ¡Es hermosa! —respondió doña Ana emocionada.

—Claro, es de nuestras mejores propiedades —afirmaba aquella señorita.

Al ver la maleta que llevaban los Herrera preguntó:

—Su pago será en efectivo, ¿cierto?

—Así es señorita —respondió don Jacobo, quien entregó la maleta.

Después de media hora de contar el dinero enfrente de ellos, la señorita exclamó:

—Está completo, pueden pasar a la sala de juntas para firmar su contrato. —Volvió a felicitar a los Herrera por su nueva propiedad.

A continuación, los Herrera regresaron a la sala de juntas con Ortega, quien los esperaba con una botella de champán.

—Cortesía de Monarcas —dijo emocionado Ortega mientras les servía una copa a ambos—. Su contrato está en la mesa ya firmado por nuestra parte, por favor, fírmelo y tome el original, tal como lo establece la cláusula diez del mismo, sus escrituras serán entregadas en no más de siete días hábiles, pero con este contrato en sus manos ustedes ya son los dueños oficiales de la Plaza Mármol.

Al escuchar esas palabras doña Ana abrazó a su esposo, ambos no lo creían, de repente, el semblante de don Jacobo cambió en cuestión de segundos.

—Disculpe, señor Ortega, en realidad pensé que hoy recibiría las escrituras en mis manos, acabo de pagarles toda la propiedad y en efectivo.

—Estoy de acuerdo con usted, don Jacobo —respondió Ortega—, pero tal como repasamos en el contrato que usted ya firmó, las escrituras se entregan en siete días hábiles, ya que la inmobiliaria necesita tramitar el cambio de propietario. Tenga la seguridad de que el contrato es un documento legal que respalda sus derechos de propiedad, así como su pago, ¿ahora está más tranquilo, don Jacobo?

—Sí, tiene sentido —contestó pensativo don Jacobo.

—Casi lo olvido —exclamó Ortega—, aquí están los planos de la Plaza Mármol, son todos suyos.

Y, saliendo de las oficinas, don Jacobo y doña Ana partieron hacia su casa. Cuando llegaron, sus hijos veían la televisión como cualquier otra noche, se sentaron con ellos, Don Jacobo veía la hora en su reloj repetidas veces, al notarlo su hijo Carlos, le preguntó:

—¿Por qué ves la hora a cada rato papá?

—Estoy preocupado porque alguien va a venir a la casa —respondió don Jacobo.

De repente, doña Ana apagó la televisión preguntando:

—¿Cómo que alguien viene a la casa a esta hora? ¿Por qué no me avisaste?

—No te quería preocupar —respondió don Jacobo—, es mejor que se los diga de una vez, estoy en cierta situación y vienen por mí esta noche para resolver unos asuntos, pero no se preocupen porque el problema solo es conmigo, voy a regresar pronto, a ustedes no pueden hacerles ningún daño, de todos modos, quiero que cuando toquen la puerta se escondan todos en la cocina.

Eric exclamó:

—No te creo nada, seguro es uno de tus juegos.

—No, Eric, ojalá fuera así —respondió don Jacobo a punto de soltarse en llanto—, lo siento tanto, no he sido un buen padre después de todo —agregó.

Al ver la seriedad de esto, Julia y doña Ana comenzaron a llorar, de repente el timbre sonó.

—Ahora, ¡vayan a esconderse rápido! —gritó don Jacobo.

Doña Ana tomó a sus hijos sin pensarlo dos veces y los metió bajo la mesa de la cocina apagando las luces. Pasaron como veinte segundos y mientras permanecían bajo la mesa aterrados, las luces de la cocina se encendieron, acto seguido comenzaron a sonar violines en vivo, guitarras y trompetas interpretando «El Son de la Negra», don Jacobo había contratado mariachis para celebrar su reciente inversión, cuando doña Ana salió de la mesa, abofeteó a su esposo y enseguida se fue a su habitación, los mariachis pararon de tocar.

—Por favor, sigan tocando —les dijo don Jacobo mientras iba por su esposa.

De repente llegaron los empleados del restaurante quienes traían comida para todos, al ver don Jacobo que sus disculpas no eran suficiente para que doña Ana saliera de la habitación, pidió a los mariachis que lo acompañaran para cantarle «Sabes una cosa», que era la canción que don Jacobo le cantó a doña Ana cuando le pidió ser su novia. Doña Ana decidió darle una oportunidad a la noche de celebración y al fin salió diciendo:

—Bien sabes, Jacobo, que odio esta clase de bromas tuyas, quizás a tus hijos les encantan, pero no vuelvas en tu vida a hacerle esto ni a Julia ni a mí, solo salí para que mis hijos disfruten de la noche, pero aún estoy enojada contigo.

El resto de la noche fue todo un éxito.

Quinta parte

Una semana y media después don Jacobo tenía bien presente que tenía que llamar a Ortega para recoger las escrituras de la plaza; cuando llegó temprano a su oficina, se preparó de desayunar en la cocina del restaurante, estaba tan inmerso en el tema de las escrituras que ni siquiera había desayunado en su casa, cuando se sentó en su escritorio llamó a la oficina de Ortega, pero este no contestaba, trató varias veces, pero no había respuesta.

—Intentaré en una hora, se decía a sí mismo.

Su mente comenzaba a crear escenarios negativos al no recibir una respuesta inmediata por parte de Ortega, de quien no había recibido visitas ni llamadas en los días anteriores, mientras tanto, don Jacobo sacó del cajón el contrato de compraventa de la plaza, hojeaba y leía en voz alta algunas cláusulas, todo se veía muy bien a pesar de desconocer algunos términos. Don Jacobo prendió la radio para relajarse, sonaba la sinfonía heroica de Beethoven, pero lo único que hizo fue estresarlo más.

—Llamaré dentro de una hora más, si no contesta, iré a sus oficinas en la tarde —se decía a sí mismo mientras cambiaba su radio de estación.

114

Cinco minutos después, Benjamín, el gerente del restaurante, tocó a su puerta.

—Adelante —dijo don Jacobo.

Benjamín entró con un semblante que preocupó a don Jacobo.

—¿Todo está bien, Benjamín?, traes una cara que no me gusta nada.

—Es usted muy intuitivo, don Jacobo —respondió Benjamín—. Un hotel en la Ciudad de México me hizo una oferta que, honestamente, he considerado aprovechar por mis circunstancias.

Minutos después de tratar de convencer a Benjamín de quedarse, don Jacobo se dio por vencido diciendo:

—Eres mi mejor empleado y estás renunciando en un momento en el que, desafortunadamente, no puedo hacerte una contraoferta, pero no soy nadie para detener tus proyectos, te deseo lo mejor y por favor permíteme encontrar a alguien más que ocupe tu puesto antes de que te vayas.

—Cuente con ello —respondió Benjamín.

Cuando este salió de la oficina, don Jacobo se perturbó por perder a su mejor empleado, sin intenciones de esperar más, salió del restaurante hacia las oficinas de Monarcas para saber de una vez por todas que sucedía con la entrega de sus escrituras.

Cuando llegó a las oficinas, hubiese querido estar muerto, lo que días antes eran las elegantes oficinas de Monarcas que él y su esposa conocieron, ahora era una propiedad abandonada, los logotipos de la inmobiliaria habían sido removidos, las rejas permanecían cerradas con candado por fuera y las ventanas se hallaban tapadas con plástico negro, fue entonces cuando se percató de que posiblemente había sido estafado por Ortega, de inmediato llamó a su esposa desde un teléfono de monedas que estaba en la calle.

—Antes de que hagas cualquier cosa, llama a la inmobiliaria y diles de lo sucedido —respondió su esposa.

Y consiguiendo un directorio de la Ciudad de México en un hotel cercano, llamó a la inmobiliaria. Cuando la recepcionista escuchó su caso, transfirió la llamada a la supervisora. Al terminar don Jacobo de notificar a la supervisora sobre lo sucedido, esta respondió:

—Lo que nos informa es algo muy serio, el señor Joaquín Ortega renunció hace más de dos meses, no tenía forma de hacer ningún trámite reciente a nombre de Monarcas, y menos aún, recibir dinero. Por favor, permítame llamar al director para saber cómo proceder, por favor, espere en la línea.

Don Jacobo sentía náuseas al haber escuchado aquellas palabras, mientras esperaba con la bocina del teléfono sudada en su oído, limpiaba aquel polvoriento teléfono con una servilleta que traía en el bolsillo de su camisa. Trataba de aferrarse a algún pensamiento positivo en su mente, pero su estómago recibía aquel duro golpe de realidad.

—Señor. —Se escuchó en el teléfono—. Por favor traiga de inmediato personalmente todos los documentos que el señor Ortega le dio —dijo la supervisora.

Don Jacobo anotó la dirección y partió de inmediato con los documentos que él ya llevaba. El camino se le hizo eterno sabiendo que había perdido su dinero, su oro y la confianza, incluso en él mismo por haberse dejado llevar por la emoción. Sintió algo de alivio al llegar y ver las verdaderas oficinas de la inmobiliaria, pero sabía que las cosas no marchaban bien. Cuando fue recibido por la supervisora, esta estaba acompañada por el director y un abogado de la inmobiliaria, quienes lo invitaron a pasar a la sala de juntas principal. Don Jacobo se sintió solo de alguna manera al no ser respaldado por un abogado y no tener conocimientos extensos de temas legales. Don Jacobo les explicó cómo fue que llegó a confiar tanto en Ortega y de las oficinas falsas que este había montado, entregó en sus manos el contrato de compraventa. Después de que el abogado de la inmobiliaria revisara aquel documento, aclaró a don Jacobo y al director de la inmobiliaria que ambas partes habían sido víctimas de una estafa planificada, y que la propiedad seguía perteneciendo a Monarcas, así que sugirió denunciar a Ortega con las autoridades declarando ambos como testigos. Don Jacobo, al escuchar esto, recordó las palabras del tío Daniel de jamás involucrar asuntos del oro o dinero del oro con las autoridades, bien sabía que esto podría traerle malas consecuencias.

—Comprendo que ustedes también pudieron ser engañados por Ortega, pero por tratarse de mi dinero antes de hacer cualquier denuncia quiero hablar con mi abogado —dijo don Jacobo.

Nadie respondía nada, aquella grande y fría sala de juntas se transformaba en un ambiente tenso y lleno de desconfianza. Finalmente, el abogado de Monarcas contestó:

—De acuerdo, por favor tome mi tarjeta y llámeme cuando esté dispuesto a presentar una denuncia en contra de Joaquín Ortega, cabe señalar que la propiedad sigue perteneciendo a la inmobiliaria Monarcas y Asociados, ya que su contrato no es válido porque la inmobiliaria no ha recibido supuesto pago.

Don Jacobo regresó a su casa con el alma destrozada, sabiendo que había perdido casi todo su dinero, esperando ser consolado por su esposa, no recibió otra cosa más que reproches de parte de esta por haber confiado demasiado en Ortega y haber sido tan ingenuo.

—Lo que menos necesito en este momento es tu actitud mujer —respondió don Jacobo—, escucha, el tío Daniel confiaba en Ortega y por ende también lo hice yo, y tú también, ahora no sé qué hacer, si lo denuncio a la policía investigarían hasta el último detalle del dinero y entonces nosotros podemos correr peligro, sobre todo si el tío y su gente se llegaran a enterar —añadió don Jacobo.

—¡Tonterías! —interrumpió doña Ana—, ¿que no te das cuenta de que esto es un plan de tu tío para recuperar el dinero que te dio?

Don Jacobo se quedó sin palabras al escuchar aquello. Agarró sus cosas y se fue a dormir al sillón de la sala. Al sentir lo incómodo que era aquel sillón, se lamentó de ni siquiera haber comprado muebles nuevos cuando aún tenía mucho dinero. Por más que trató, no pudo conciliar el sueño.

Por la mañana, don Jacobo fue despertado por Eric y Carlos que se alistaban para ir a la escuela.

—Papá, ¿por qué te dormiste en la sala? —preguntó Carlos.

—Simplemente, no quería estar con tu madre —respondió don Jacobo con mala actitud.

Después de ir a dejar a sus tres hijos a la escuela, don Jacobo fue a la habitación donde él y su esposa dormían. Al verla llorar, corrió hacia ella para abrazarla.

—¿Qué sucede? —preguntó don Jacobo.

—Volveremos a ser pobres como antes, eso es lo que sucede, por favor, haz algo —respondió doña Ana.

—Ayer en la noche estuve pensando en lo último que mencionaste —dijo don Jacobo—, qué casualidad es que el tío me haya presentado a Ortega como su abogado de confianza, siempre supe que todo esto del oro que me dio vendría con una sorpresa, y tienes razón, el tío quería recuperar su dinero, pero se equivocó, porque también yo sé chantajear. Tenemos las copias y los negativos de las fotos que tomó Eric. Además, tenemos los documentos firmados por Ortega de la propiedad que nos «vendió» que demuestran su fraude, no necesito ser abogado para saber que esto los puede hundir en la cárcel, yo mismo vi cómo rompió las fotos en frente de mí cuando me citó en aquel restaurante. No le conviene nada al tío no devolvernos el dinero, descuida mi amor, vamos a recuperarlo, hoy mismo iré a ver al tío. Por favor, deja de llorar, recuerda que aún tenemos el restaurante y alguien tiene que ir hoy a entrevistar a los que quieren el puesto de gerencia. Por favor, ve a entrevistarlos y guarda sus documentos, yo iré a ver al tío, vamos a desayunar para calmarnos un poco —añadió don Jacobo.

Ya eran las nueve de la mañana y don Jacobo decidió llamar al tío para citarlo en el restaurante que este y Ortega frecuentaban, cuando el tío contestó, don Jacobo se esforzaba para no titubear.

—Qué milagro que me llames, Jacobo —respondía el tío con alegría—, ¿en qué puedo servirte?

—Tío, necesito hablar contigo en persona —respondió don Jacobo con indiferencia.

—¿Todo está bien, hijo?

—No del todo, tío—añadió don Jacobo.

—No me gusta cómo suena eso, te veo en dos horas en mi casa —respondió el tío.

—Eso no será posible tío, te veo en dos horas en el restaurante de la Terraza.

—De acuerdo, hijo, si así es de importante el asunto ahí estaré.

Sin responder nada más, don Jacobo colgó el teléfono.

Don Jacobo llegó al restaurante media hora antes de lo acordado, al dar las once en punto, el tío llegó con su típica apariencia descuidada buscando la mesa de su sobrino, al verlo, este quiso acercarse para abrazarlo, pero don Jacobo no se paró de la mesa, sino que se limitó a estrechar fríamente su mano. Al ver este gesto, el tío le solicitó que le dijese de una vez por todas lo que estaba pasando.

—En verdad eres brillante, tío —respondió don Jacobo—, bien sabes lo que ocurre aquí, siempre he sido una persona tranquila, pero bajo presión soy alguien totalmente diferente y más cuando me quitan lo que es mío y de mi familia.

—No tengo idea de qué me hablas Jacobo —contestó el tío enojado—, déjate de estupideces y dime con claridad de una vez porque me citaste aquí —añadió.

—Por todo el dinero que tu «hombre de confianza» me robó —dijo don Jacobo.

—¿A quién te refieres? ¿A Ortega? —preguntó el tío asombrado.

—¿A quién más?, mira este contrato, si te atreves a romperlo habrá malas consecuencias —dijo don Jacobo.

—Mírate, Jacobo, amenazando al hombre que te dio lo que te corresponde, es obvio que estás lleno de ira y no piensas lucidamente —respondió el tío—. Es cierto que fue mi hombre de confianza, hasta este momento, pero te aseguro de que yo no tengo nada que ver en esto, la fiebre del oro es enfermiza y les puede dar hasta a los más allegados, gran prueba de ello eres tú en este momento.

—Bla, bla, bla, eres bueno con los discursos, tío —interrumpió don Jacobo—, pero esto es lo que se va a hacer, me darás el dinero o el oro que me robaron y yo no te delataré con la policía por los asesinatos que has hecho, tengo los negativos de las fotos que rompiste y copias de estas, igual este contrato que prueba el fraude a través de una inmobiliaria real, por lo que son más de dos delitos en tu contra.

El tío Daniel se quedó sin palabras en ese momento, se levantó, y dando las gracias por el chocolate caliente que no se tomó, fue a pagar la cuenta y se retiró. Don Jacobo se sorprendió al ver aquella reacción del tío, que lo único que hizo fue irritarlo más de lo que ya estaba. Al llegar a su casa, don Jacobo le contó a su mujer lo que había ocurrido.

—No te dejes intimidar por ese viejo engreído —decía doña Ana enojada—, mañana temprano le volverás a llamar por teléfono, chantajéalo, así como él hizo contigo, ya no importa si él está involucrado con el fraude de Ortega o no, ese hombre está podrido en dinero y estamos en posición de amenazarlo por nuestro silencio, ya que tenemos evidencia de sobra para meterlo a la cárcel. Para él, el oro que te dio no es nada, es como quitarle un pelo a un gato —afirmaba doña Ana mientras don Jacobo aceptaba con la cabeza.

—Teníamos todo resuelto —añadió don Jacobo—, no quiero volver a la vida que llevábamos antes, mañana le llamo —afirmaba mientras apagaba la luz para dormir.

Segundos después, la luz se volvió a encender.

—Pero ¡qué rayos!... —exclamó don Jacobo.

—Lo siento, me voy a dormir con mi hija —dijo doña Ana mientras salía de la habitación.

Al día siguiente, don Jacobo llamó al tío Daniel, eran las ocho de la mañana, el tío contestó con un:

—¿Ya estás más calmado para poder hablar civilizadamente?

—Así es, tío, mi propuesta sigue en pie —respondió don Jacobo con firmeza.

A lo que el tío Daniel contestó:

—Si esa es tu resolución, es una lástima, porque me has perdido, Jacobo, como te dije, yo no tengo nada que ver en este asunto, desconozco la relación que llevaste con Joaquín y no sé qué sucedió entre ustedes, tengo meses sin hablar con él porque no he necesitado de sus servicios y realmente ya me tienen sin cuidado tus intereses, pero tu amenaza es clara, hagámoslo según tus términos, acepto tu propuesta. Ya no eres bienvenido en mi casa, si quieres tu oro de vuelta tendrás que ir por él a la mina, ya que te encanta husmear en la oscuridad, recogerás allí el oro. Esta vez quiero que dejes allí toda la basura que tienes guardada para perjudicarme y si llegas a guardarte algo te quitaré un hijo por cada evidencia, son todos mis términos que como puedes ver siempre son muy flexibles.

Don Jacobo, al escuchar que tendría su oro de vuelta, aceptó y acordó el día y la hora con el tío. Sábado 14, al medio día.

Al escuchar la buena noticia, doña Ana saltó a los brazos de su esposo, este, al notar sus repentinos cambios de humor, no quiso abrazarla, doña Ana le dijo:

—No vayas solo.

—De eso quería hablarte, voy a contratar seguridad privada, por lo menos cinco escoltas me acompañarán a la mina —contestó Don Jacobo.

—Excelente, mi amor, no quisiera que nada te pasara, ni tampoco al oro. —Reía en tono de broma doña Ana.

Don Jacobo, al escuchar aquello, frunció el ceño y contestó:

—No me sorprendería que con el oro si quisieras dormir.

—¡No exageres! Solo fue una pequeña broma —respondió doña Ana mientras trataba de componer la ocasión besándolo.

—¿Sabes que esto podría ser una trampa y podrían matarme? —le preguntó don Jacobo seriamente a su esposa.

—Lo sé, mi amor, pero debemos luchar por lo que es nuestro —respondió doña Ana.

Sexta parte

Dos días después llegó el sábado, don Jacobo se levantó muy temprano debido a la tensión que sentía, ya que en realidad no estaba seguro de que sucedería dentro de aquella vieja mina.

—Después de todo, era donde yo jugaba de niño con mis primos, además, iré armado y acompañado, —se decía a sí mismo para tranquilizarse.

Sin hacer ruido, tomó los negativos y copias de las fotos y el contrato falso de la inmobiliaria, se preparó de desayunar, se vistió y salió muy temprano de su casa para no despertar a nadie.

Ni siquiera sé si voy a regresar con vida y no me despedí de mi familia, meditaba mientras manejaba rumbo a la agencia de seguridad para ser escoltado. Ahí mismo firmó un permiso para portar un arma, también le pusieron un chaleco antibalas y le enseñaron a usar y cargar el arma, posteriormente, subieron a un vehículo blindado de la agencia y partieron hacia el bosque. Al recorrer aquel camino que subía a la montaña, don Jacobo recordaba cuando salía a pasear con su esposa y con sus hijos por aquel mismo lugar, incluso, recordaba la música que escuchaban. Al llegar a la entrada del rancho, los escoltas dejaron el auto en un punto estratégico en caso de necesitar evacuar la zona de inmediato. Tres hombres entrarían con don Jacobo a la mina y dos más asegurarían los alrededores. Mirando por todas partes caminaron hacia la mina, después de media hora don Jacobo vio la peña del camello y sabía que estaban cerca, continuaron caminando hasta que don Jacobo se detuvo y, señalando sin decir una palabra, les mostró a los escoltas la entrada de la mina, dos de ellos se adelantaron para asegurar la zona, al ver que no había nadie, llamaron a don Jacobo y al otro guardaespaldas que lo protegía. Habían llegado media hora más temprano de lo que se había acordado.

—Mi tío es muy puntual, quizás me está esperando adentro —comentó don Jacobo a los escoltas—, por favor, acompáñenme.

De repente se escuchó un grito que venía desde el interior de la mina que decía:

—Solo mi sobrino puede entrar.

Aquellos tres hombres cortaron cartucho y apuntaron hacia el interior de la mina, la voz del tío continúo diciendo:

—Jacobo, no pongas a estos hombres en peligro, este asunto es contigo nada más.

Cuando Jacobo volteó hacia atrás, los tres escoltas que lo acompañaban habían sido sometidos por hombres que trabajaban para el tío, mientras estos permanecían en el suelo fueron esposados y don Jacobo desarmado, los hombres del tío apuntaban a don Jacobo con ametralladora diciéndole que entrara a la mina y dejara los negativos y el contrato en el suelo.

Al ver aquella escena don Jacobo accedió a introducirse en la mina solo y dejar la evidencia como le indicaban, después de todo, no tenía otra opción.

—Está bien, tío, entraré yo solo, pero por favor no les hagan daño a estos hombres, yo los contraté para que me protejan, solo hacen su trabajo.

Al llegar a la entrada, los hombres del tío encendieron las luces que lo conducirían hasta el fondo de la excavación.

—Solo siga la luz, no vaya por otra parte —le ordenaron los hombres del tío a don Jacobo.

En su recorrido observó por primera vez en ese agujero todo lo que la oscuridad había escondido en algunas partes que no había explorado, en algunas paredes yacían mensajes amenazantes, escritos y sangre. Continúo caminando y se percató que se encontraba en una parte de la mina en la que nunca había estado antes, incluso la piedra del suelo estaba escalonada hacia arriba.

—Tío, ¿en dónde estás? —gritó don Jacobo.

—Solo sigue el camino alumbrado, Jacobo —respondió el tío a lo lejos.

Subiendo aquellos fríos escalones, don Jacobo se perturbó con la decoración de las paredes, comenzó a observar cientos de máscaras, algunas de ellas eran horribles y otras parecían ser rostros de niños, eran tantas que se encimaban entre sí y cubrían las paredes por completo, al final de aquel túnel había una puerta de madera que estaba emparejada. Don Jacobo volvió a llamar al tío, pero en esta ocasión no respondió. Sin encontrar otra opción, abrió la puerta y se introdujo en la habitación, don Jacobo quedó asombrado, ya que los interiores de este recinto estaban forrados de madera, había una cocina de buen aspecto al fondo y una escalera que subía a otro piso como si se tratase de una casa, también había muebles, alfombras y olía a incienso, de hecho, no hacía frío en aquel lugar y no había mosquitos, un elegante candelabro antiguo iluminaba aquel lugar, al frente de la sala había dos puertas, tratando de encontrar al tío Daniel, don Jacobo las abrió, estas daban a túneles de la mina donde no había nada de luz, el frío y humedad de la mina entraban en aquel recinto al abrirlas, don Jacobo decidió dejarlas abiertas por si tuviese que escapar y permaneció en la sala.

—Tío, ¡por favor, responde! —gritaba ya desesperado don Jacobo.

—Estoy acá arriba, por favor, sube las escaleras —respondió el tío.

Mientras don Jacobo subía, vio de reojo una pila de barras de oro sobre una cobija vieja y a continuación vio al tío Daniel sentado con otros dos hombres de aspecto muy grande.

Aquellas lámparas que colgaban del techo brindaban una luz cálida muy tenue sobre la mesa, aun así, don Jacobo alcanzó a ver a más hombres alrededor de la oscura habitación haciendo guardia. Al ver a Don Jacobo, el tío sonrió y continuó:

—Te presento a don Javier Vélez y su hijo Víctor, son muy amigos míos y más que eso, pertenecemos a la misma familia, debes estar muy agradecido con ellos porque trajeron algo para ti.

Don Javier y su hijo, más que parecer preocupados por las amenazas de don Jacobo, estaban felices por lo que estaban a punto de traerle, de hecho, reían y bromeaban entre ellos. Acto seguido, Víctor se paró de la mesa y pasó enfrente de don Jacobo, quien estaba muy confundido por lo que pasaba y temía por su vida. Aquel muchacho de casi dos metros de estatura regresó arrastrando por el suelo a una persona quien tenía una tela que cubría su cabeza y que se encontraba atada de manos y pies y se quejaba mientras Víctor lo jalaba, lo colocó frente a la mesa y se sentó.

—Por favor, sobrino, haznos los honores —pidió el tío Daniel.

Don Jacobo miraba a su tío y a aquellos hombres con terror después de aquella escena.

—Quita esa cara, esto es para ti, quítale la tela de la cabeza —volvió a pedirlo el tío con enojo.

Don Jacobo le quitó la tela de la cabeza a aquella persona atada y reconoció de inmediato a Joaquín Ortega, el hombre que le robo la mayoría de su dinero, fue inevitable la cara de sorpresa de don Jacobo, misma que le sacó una carcajada a don Javier y a Víctor.

—Qué esperas, Jacobo, ¿no vas a golpearlo? Este hombre te robo tu herencia —aseguró el tío Daniel.

La confusión había llevado a don Jacobo a una crisis de ansiedad que no le permitían actuar, solo se quedó ahí parado mirando a Ortega, el tío Daniel comenzó a sentirse apenado con don Javier y Víctor quienes esperaban algún acto de venganza, así que, poniendo una pistola cargada en manos de su sobrino, el tío le ordenó matar a Ortega.

—¡Si no vas a golpearlo, mátalo ya! —gritaba don Javier.

Don Jacobo jamás había usado un arma, el simple acto de apuntar la pistola hacia la cara de Ortega le causó una hemorragia nasal y de nuevo fue blanco de burlas, Víctor y don Javier se doblaban de risa debido a esto, incluso Víctor cayó al suelo por las carcajadas contagiando a su padre quien también se echó al suelo al no poder aguantar la risa.

—No te preocupes, Jacobo, después nos encargaremos de él —decía el tío mientras le quitaba el arma de las manos y continuó—: en cuanto me contaste lo que este hijo de perra te hizo, les comuniqué a los miembros de la Viuda lo sucedido y ellos a su vez llamaron a nuestros contactos en México hasta que encontramos a Ortega en una casa que tengo en Guanajuato que alguna vez le presté para llevar a su esposa de vacaciones. El muy desgraciado había sacado copia de las llaves y llegaba ahí cuando se le daba la gana, hace dos días, uno de los hombres que trabaja con don Javier y Víctor cuidando algunas de sus propiedades vio entrar a mi casa a un desconocido con dos mujeres. De inmediato llamó a don Javier y él y Víctor fueron hasta allá para capturarlo y traerlo hasta acá para que confesara y pagara por lo que hizo. Le prometimos que su muerte sería rápida si confesaba. Aquí tienes lo equivalente en oro de lo que te robó. El tío se paró de la mesa, envolvió el oro en la cobija y se lo dio a su sobrino.

—Gracias, tío —respondió don Jacobo—, perdóname por haberte amenazado de esa forma, perdí totalmente el juicio por tratar de complacer a mi esposa, simplemente ella no puede aceptar el hecho de vivir como lo hacíamos antes, y yo, en mi desesperación por verla tranquila, tenía que hacer cualquier cosa para recuperar el dinero, espero que puedas entenderlo tío.

—Claro que te entiendo, Jacobo —respondió el tío Daniel—. Siempre es sobre una mujer. ¿Qué hombre no desea cumplirle a su esposa hasta el más costoso capricho? De hecho, esta mina es testigo de ello. Por cierto, te agradecemos que actuaras a tiempo Jacobo, gracias a ti este hombre tendrá que responder por todo lo que seguramente nos ha robado también. El arma con la que le apuntaste está descargada, lo necesitamos vivo por ahora.

—¿Quién es la viuda de la que hablas, tío? —preguntó don Jacobo.

—De hecho, quiero que lo sepas

Y tomando una lámpara, el tío lo invitó a pasar a aquel pasillo donde estaban las máscaras en las paredes.

Estando en aquel oscuro lugar y teniendo de frente aquellas máscaras, el tío comenzó a relatar:

—La señora Estela Contreras, viuda de Arnone le robó esta mina a una antigua compañía minera inglesa, su esposo era el señor Stephen Arnone quien fue traído de Inglaterra para dirigir gran parte de la excavación de la mina, era la persona quien elaboraba los mapas subterráneos y quien conocía mejor los túneles. Era un hombre muy estudiado y había trabajado en muchas minas en Norteamérica, él y la señora Estela se conocieron en Pachuca, ella era mexicana y trabajaba en una delegación de la Secretaría de Economía que en aquel tiempo registraba a las empresas extranjeras, ya que ella se encargaba de todos los trámites de la compañía donde trabajaba Arnone, se veían muy seguido, de esa amistad surgió el amor entre ellos y finalmente se casaron.

Su esposo le platicaba sobre el oro y la plata que extraían de la mina, llegó a interesarse tanto en el trabajo de su esposo que esta le insistía que la llevara a la mina. Ya que en aquel tiempo no estaba permitido que una mujer entrara a una mina, esta se disfrazaba de hombre haciéndose pasar por asistente de Arnone, así pudo explorar los túneles y aprender procesos de minería. En una ocasión en que la compañía encontró una veta de oro, Arnone emocionado se lo contó a su esposa quien no tardó en entrar a la mina para verla con sus propios ojos, fue tanto el deseo de Estela de poseer aquel precioso metal que elaboró un plan que hasta la fecha nos sigue sorprendiendo a los que trabajábamos a su lado.

—¿Cómo es que robo la mina? —preguntó don Jacobo incrédulamente.

—Bueno, usa un poco tu imaginación, Jacobo, ¿cómo robarías una mina entera con vetas de oro a una compañía que invirtió millones en ella?

—Por ahora no se me ocurre nada, tío. Tío, ¿porque apagaste la luz? —gritaba don Jacobo—. ¡Tío! ¡Respóndeme!

Don Jacobo comenzaba a desesperarse por no recibir respuesta del tío ya que no veía nada en aquella oscuridad, en un intento por localizar algún apagador don Jacobo tiró algunas máscaras al suelo, incluso se escuchó cerámica romperse, de repente, vio la luz de la lámpara del tío detrás de los cientos de máscaras que cubrían las paredes, y escuchó al tío decir:

—Acá estoy, Jacobo, detrás de las máscaras, entra al túnel, sé que venías con mis hijos aquí cuando eran niños, así que no tienes por qué sentir miedo, Jacobo, la viuda me dijo que una vez los tuvo que ahuyentar, ya que no dejaban de entrar — recordaba el tío.

Al fin don Jacobo llegó donde estaba su tío, y le preguntó:

—¿Qué hacemos aquí?

La lámpara del tío iluminó aquel túnel que a unos cuantos metros reveló el enorme borde de un tiro.

—Estamos aquí para que me digas si esos cuerpos allá abajo son con lo que me querías amenazar, por favor, míralos Jacobo.

Don Jacobo comenzó a llorar.

—Tío, por favor, no me hagas esto, ya me he disculpado.

—Por favor, Jacobo, míralos, no te haré daño, lo prometo, solo míralos, ¿son esos los cuerpos?

Don Jacobo decidió darle prisa a la situación haciendo lo que el tío pedía, al asomarse, recordó aquella imagen que vio aquel día con sus hijos.

—Sí, tío, son esos los cuerpos —respondió.

—Está bien, hijo, no te haré daño, míralos una vez más, ¿reconoces a alguien?

—Me parece que no, tío, no alcanzo a distinguir a nadie desde aquí —gritó don Jacobo.

—A veces miramos las cosas y nos dejamos llevar por la primera impresión, antes de llegar a una conclusión, deberías de observar detenidamente un asunto, de lo contrario podrías estar en un gran error.

Al terminar de decir estas cosas, el tío Daniel empujó a don Jacobo hacia el fondo del tiro.

—Víctor, creo que cayó por allá, búscalo por favor —ordenó don Javier.

—Sí, pero necesitaré más luz —respondió Víctor—. Este lugar siempre me ha aterrado, y ahora huele peor.

—Pobre hombre, creo que ha tenido un mal día, ojalá no se haya roto una pierna, sería un gran problema tener que cargarlo —concluyó don Javier.

Don Jacobo, cuyo cuerpo estaba completamente metido entre ropa, telas y rellenos para material textil, alcanzaba a escuchar esta conversación mientras veía la luz de la linterna de Víctor y don Javier, que se movía de un lado a otro por todo el lugar. Don Jacobo, al darse cuenta de que seguía con vida y sin un rasguño, se percató de que aquellos cuerpos eran solo muñecos de tela, hule y otros materiales. Tratando de incorporarse con cuidado para no ser descubierto, Víctor lo alumbró con su linterna.

—No se preocupe, Jacobo, le doy mi palabra que no vamos a hacerle ningún daño —aseguró Víctor—, solo venimos por usted para regresar arriba con su tío, quien lo está esperando.

Don Jacobo accedió a regresar con ellos sin poner ninguna objeción. Estos lo llevaron a un túnel que se encontraba a unos metros del fondo de aquel impresionante hoyo, este túnel escalonado ascendía en forma de caracol hasta llegar al sótano de la casa en la mina. Don Jacobo quedó impresionado por estos accesos secretos que escondía el lugar.

—¿Cuántos túneles más como este hay aquí? —preguntó el curioso Jacobo.

—Solo Dios y su tío lo saben, Jacobo —respondió don Javier—, él y Natividad tienen los planos que la viuda les dio, me han dicho que existen más de treinta túneles tan solo en esta sección de la mina, esto es todo un queso Roquefort, ya sabe, agujeros por todas partes.

De regreso en la casa dentro de la mina, el tío lo esperaba en la sala, al ver llegar a don Jacobo con Víctor y el señor Javier, este se puso de pie.

—Perdóname por haber hecho eso, Jacobo —exclamó el tío con sinceridad—, pero ¿acaso esperabas que no habría consecuencias por amenazarnos?

Después de tres segundos de silencio, el tío pegó la carcajada al igual que don Javier y Víctor.

—Esto fue parte de tu iniciación como nuevo miembro de la Viuda —añadió el tío. Digamos que eres el primer miembro que ha tenido una iniciación así y, sinceramente, nos hemos divertido mucho.

Al fin don Jacobo reía con ellos.

—Pero ni siquiera pude lastimar a Ortega —exclamó Jacobo—, no comprendo por qué me quieren en su grupo, o, como lo llamen —cuestionó.

—Tienes razón —contestó el tío—, a diferencia de nosotros, no eres un hombre violento, pero el hecho de haber entrado aquí es prueba de que eres un hombre muy valiente, por eso decidimos darte una oportunidad para que seas parte de la Viuda, además, necesito a alguien que se encargue de los hijos de la viuda y mis hijos jamás podrían llegar a serlo, felicidades y este no es un grupo nada más, es una familia donde se protege a cada miembro —dijo el tío emocionado.

»Por cierto, Jacobo, respondiendo a tu pregunta sobre cómo la viuda robó la mina, lo hizo de la misma forma que pasó contigo cuando viste esos cuerpos en aquella ocasión, saliste huyendo pensando que eran reales. De alguna manera, la viuda era una ilusionista, una maestra del disfraz, engañó a los que trabajaban aquí con esta clase de trucos, haciéndolos creer que este lugar estaba maldito, colocaba esos cuerpos falsos y máscaras en ciertas partes de la mina provocando que varios mineros salieran de aquí sin regresar, los rumores de gente muerta que se aparecían en estos túneles se esparcieron por todos los pueblos cercanos. Natividad que ya conoces, Javier, y yo, conocimos a la viuda gracias a la amistad que teníamos con Arnone, él y ella nos escogieron para llevar a

141

cabo este plan, desafortunadamente, Arnone fue descubierto por cuatro mineros quienes lo mataron aquí mismo mientras preparaba una escena de muerte falsa, tuvimos que acabar con ellos para protegernos y seguir con el plan. Sin haberlo planeado, la muerte de Arnone y esos mineros generó absoluta credibilidad en los rumores y fue así que la compañía abandonó la mina, más tarde, compramos equipo para seguir explotándola nosotros mismos, hasta ahora seguimos sacando oro y plata. A fin de proteger la mina de gente que llegaba a acercarse a los alrededores, Estela Arnone a quien apodaríamos la viuda después de lo ocurrido con su esposo, vivió en esta casa por más de treinta años para protegerla. Después de que tomamos la mina, ella se encargó de explotarla incluso con sus propias manos. Jamás habíamos conocido a una mujer así, su determinación nos impulsó a seguirla y la hicimos nuestra líder. Ella repartía las ganancias y oro equitativamente entre nosotros, ni un gramo más, ni uno menos, era su frase de siempre. Tiene más de quince años que falleció. Le prometimos cuidarnos siempre entre nosotros y cuidar a sus demás hijos que necesitan ayuda. Ella tuvo demasiado oro en sus manos y poder, pero jamás se le subió a la cabeza, siempre vistió como una persona de condición humilde, a pesar de estar obsesionada con el oro, compartía su riqueza con los demás. Se encargó de que en los pueblos cercanos hubiera albergues para niños y personas mayores necesitadas, incluso, puso refugios para perros y gatos de la calle, fue una persona muy generosa. Acorde a su voluntad, hasta ahora seguimos manteniendo estas casas de beneficencia. Toda la gente que trabaja con nosotros lo hace de la manera más discreta, hemos comprado su silencio, ya que no sabemos cuándo pueda alguien venir a quitarnos todo.

Ha sido un error de nosotros haber dejado esos cuerpos falsos allá abajo, son demasiados muñecos que la viuda hizo, no permitía que nadie los tocara sin su autorización, no quisimos deshacernos de ellos por respeto a su memoria, no pensamos que alguien entraría hasta este nivel de la mina, ahora sabemos que tenemos que deshacernos de ellos. El día que entraste con tus hijos y saliste huyendo del lugar hizo pensar a Natividad que irías directamente con la policía, por eso trató de detenerte. Fue un alivio saber que nadie salió herido y que no fuiste con la policía. Casi mueres por mi culpa junto con tu familia, y eso no puedo perdonármelo aún, espero que esta herencia pueda compensar de algún modo el haberlos puesto en peligro —agregó el tío—.

—Tío, también fue un error de parte nuestra haber entrado a una mina que creíamos abandonada —respondió don Jacobo—, no cargues con toda la responsabilidad, tienes nuestro perdón.

Mientras don Jacobo y el tío continuaban de pie charlando en aquella sala. Don Jacobo lo vio aproximarse hacia él con el rostro lleno de miedo y, abriendo los brazos, lo empujó hacia el suelo mientras que en ese mismo momento se escuchaba el estruendo de un balazo. Estando don Jacobo en el suelo con el tío sobre él, escuchó más balazos dentro de aquella sala. Espero pacientemente en esa posición esperando a que no hubiera más ruido y lo tomaran por muerto, fueron minutos muy largos, pues, a su parecer, su vida dependía de cualquier movimiento o respiración que hiciera, a su vez, sentía la respiración del tío quien se encontraba inconsciente sobre él, su cuerpo era muy pesado.

—Señor Jacobo, ¿está usted bien? —Escuchó, pero no dijo nada al no reconocer la voz.

De repente, la misma voz exclamó:

—¡Acá están!

Acto seguido don Jacobo escuchó más voces y reconociendo estas, sintió cómo el cuerpo del tío le fue quitado de encima con cuidado por los guardaespaldas que él había contratado, y, ayudando a don Jacobo a incorporarse, Natividad y los otros dos hombres comenzaron a tratar de animar al tío Daniel quien tenía una herida de bala y permanecía inconsciente, al cabo de unos segundos, el tío los escuchó y dándose cuenta de su situación pidió no ser llevado al hospital, ya que estaba muriendo.

—Por favor, déjenme con Jacobo y Natividad —pedía el tío. Así lo hicieron aquellos dos hombres y al estar solo con su sobrino y su mejor amigo, el tío le tomo la mano a don Jacobo diciéndole:

—Perdóname, estaba tan emocionado que creo que te di información de más, y he aquí las consecuencias, toma mi oro y vete de México cuanto antes, ya que los demás hijos de Javier pueden venir por ti y tu familia, las llaves están colgadas en mi cuello y la combinación de la caja es tu fecha de nacimiento dijo el tío quien comenzaba a quedarse dormido.

—Tío, quizás aún te puedan ayudar, déjame llevarte a un hospital —insistía don Jacobo.

—No hijo, aquí estoy bien, por favor, solo quiero un poco de silencio —contestó el tío enojado—, por favor, trae a Natividad y sal.

—Sí, tío —dijo don Jacobo en voz baja mientras se apartaba. Después de que el tío hablara con el señor Natividad, comenzó a quedarse dormido y falleció. Al asegurarse de que el tío Daniel ya no tuviera pulso, don Jacobo y Natividad lo colocaron en uno de los sillones de la sala y don Jacobo tomó el collar del tío, aquel llavero tenía varias llaves. Al subir las escaleras para ir a buscar su oro, vio los cuerpos de don Javier y Víctor tendidos sobre los escalones con heridas de bala, los dos guardaespaldas que él había contratado permanecían sentados en la mesa de la habitación de arriba, al entrar a esta, los guardaespaldas se disculparon por haber intervenido tarde, le explicaron a don Jacobo cómo abatieron a don Javier y a Víctor después de su intento por asesinar a don Jacobo e igualmente le informaron cómo el tío Daniel había recibido aquel balazo por él, señalando hacia el techo, los guardaespaldas le mostraron a don Jacobo por donde habían estado vigilándolo desde los respiraderos de la parte de arriba de la casa.

—Estuvimos observando desde que usted entró a la habitación con ellos, no quisimos intervenir hasta que se llevara a cabo la negociación —declaró uno de los guardaespaldas.

Estos hombres eran los que habían sido asignados a vigilar el perímetro.

—Jacobo, ¿qué piensas hacer con el cuerpo de tu tío? No podemos dejarlo sin darle una sepultura —preguntó el señor Natividad.

A lo que don Jacobo respondió:

—Yo creo que él hubiera deseado que su cuerpo permaneciera aquí en la mina, si estás de acuerdo, quememos su cuerpo y el de Javier y Víctor junto con los muñecos del hoyo, ya que pudieran causar más problemas.

Y estando de acuerdo Natividad, arrojaron los cuerpos en el hoyo y comenzaron a quemarlos junto con aquellos muñecos.

147

Mientras esto pasaba, Natividad aprovechó para deshacerse de Ortega, quien seguía con vida, amarrado y esposado en uno de los baños de la casa, después de darle el tiro de gracia, tomó su cuerpo y también lo arrojó al hoyo para que se quemara. Después de que el fuego bajó casi en su totalidad, Natividad y don Jacobo descendieron por el túnel ubicado en el sótano de la casa que conducía hacia el fondo del tiro. Ambos bajaron para ver si no había quedado nada sin quemarse, tomando una vara de madera que encontró en el camino, don Jacobo comenzó a remover gran parte de las cenizas donde había quedado el cuerpo de su tío, el fuego ya lo había consumido por completo, continuó removiendo con la vara y la luz de la linterna que sostenía Natividad alumbró lo que parecían ser monedas.

—¡No quites la luz! —pidió a Natividad.

Y removiendo más profundo entre aquellas cenizas, encontró más monedas dentro de ollas viejas que estaban enterradas en el suelo.

—Parecen doblones de oro —afirmó Natividad.

Y recogiendo uno, encontró la siguiente acuñación en él: «Prefiero ser débil, pero humilde, a ser poderoso, pero arrogante», en medio de la moneda había un escudo familiar, recogieron más y todos llevaban el mismo mensaje. En total descubrieron siete ollas grandes llenas de doblones de oro, y asegurándose de que ninguno de los escoltas los observara, volvieron a cubrir el oro con las cenizas y restos que aún se estaban consumiendo por el fuego. Mientras subían de vuelta a la casa de la mina, Natividad aseguró que antes de que la viuda colocara esos muñecos allí, había una gran cantidad de troncos en el suelo.

—Pensábamos que era leña que la viuda usaba para sus chimeneas, pero ahora veo que allí enterró su oro —afirmó Natividad.

—El mensaje que traen esas monedas me hace pensar en mi tío —exclamó don Jacobo con cierta nostalgia—. ¿De qué será el escudo que traen inscrito? —preguntó.

—Imagino que pudiera ser el escudo heráldico de la Familia Arnone, seguramente ellos las diseñaron para su acuñación y así reconocer su oro —respondió Natividad—. ¿Y qué harás con el oro de la viuda? Después de todo, tú fuiste él que lo encontró —preguntó Natividad con seriedad.

—Prométeme que lo usarás para cuidar de las casas de ayuda de la viuda y lo que sea posible para ayudar a la gente de los pueblos —pidió don Jacobo.

—¿Estás seguro de que no te llevarás el oro, Jacobo?, ¿no te arrepentirás de tu decisión después? —volvió a preguntar Natividad.

—No, señor, mi tío ya me ha dado lo que me corresponde, ni un gramo más, ni uno menos —aseguró don Jacobo.

—Ahora veo por qué tu tío te heredo a ti en vez de sus hijos —exclamó Natividad.

Al subir a la casa, don Jacobo recogió su oro y pidió a los dos guardaespaldas que salieran de la mina junto con él y Natividad. Al salir de la mina, estaban cinco hombres del tío, quienes ya habían sido informados de lo ocurrido por medio de otro de ellos que lo había visto todo, esperaban pacientemente junto con los otros guardaespaldas que don Jacobo había contratado. Al no tener a nadie más que proteger, estos, que trabajaban para el tío Daniel, se fueron a sus casas.

Mientras que los guardaespaldas de don Jacobo lo esperaban en el auto, don Jacobo se despedía de Natividad:

—Como sabes, tengo que irme de aquí por seguridad, por favor sigue cuidando bien a los hijos de la viuda mientras sea posible, quizás después de algún tiempo pueda venir a ayudarte, amigo mío —añadió.

—Eres bienvenido cuando quieras —exclamó Natividad—, esta mina te pertenece ahora también a ti, al igual que la parte que le corresponde a tu tío cada año, esta, la pondré en su caja fuerte, tal como me lo pidió, solo tú y yo tenemos acceso a ella, puedes disponer de tu dinero cuando quieras. Igualmente, tu tío también te dejó la casa de Real del Monte, las escrituras están en la caja. No vayas a olvidar tu fecha de nacimiento —recalcó en tono de broma el señor Natividad.

Y agradeciendo con un fuerte abrazo, don Jacobo se despidió de su buen amigo.

Debido a la caída que don Jacobo había sufrido cuando el tío lo arrojó al fondo del tiro, este se había abierto la frente con algunos broches y cinturones que los muñecos tenían en sus prendas, los escoltas lo auxiliaron limpiando su herida y, poniéndole una gaza, se aseguraron de que su sangrado se detuviera, después de esto, partieron hacia casa.

Séptima parte

Durante el trayecto, don Jacobo pensó en toda la presión que había tenido en un solo día y que en realidad era un milagro de que siguiera con vida, pensó en cómo su esposa lo había llevado a tomar esa decisión, esto le permitió darse cuenta de muchas cosas que había dejado pasar, así que decidió poner a prueba a su esposa.

Después de firmar documentos, devolver el equipo de seguridad y poner el oro en su auto, les pidió a los escoltas que lo seguirían hasta su casa que estacionaran su auto lejos, a fin de que nadie en la casa los pudiera ver. Al llegar a la casa, los escoltas siguieron sus instrucciones y se fueron de ahí tan pronto como don Jacobo metió su auto en el garaje, eran las dos de la mañana y doña Ana lo esperaba en el estacionamiento, al bajar don Jacobo del auto su esposa lo recibió imperativamente con un:

—¿Y el oro?, ¿dónde está?

Lo último que necesitaba don Jacobo para terminar su día era un recibimiento así.

—Casi muero hoy en más de una ocasión y tú lo primero que preguntas es si traigo el oro conmigo —respondió don Jacobo—, pues no, no lo traigo, no habrá más oro para nosotros, el tío Daniel está muerto y ahora tenemos que irnos de México porque sus enemigos pueden buscarnos, y, por cierto, esto que tengo en la cabeza no es grave, gracias por preguntar, no quiero hablar por ahora, me daré un baño y me iré a dormir en el sillón, ya conozco el protocolo.

Julia, quien no podía dormir por la preocupación de su padre, escuchó toda esta conversación por la ventana de su habitación.

A la mañana siguiente, don Jacobo se levantó antes que todos, dejó una nota que decía: Les suplicó que hoy nadie vaya a la escuela ni salga de la casa, por favor, cada quien tome lo más indispensable de ropa que les quepa en dos maletas y también ayuden a la abuela a preparar sus cosas, no tardo, los quiero, y sin decir una palabra a nadie, tomó la agenda de números telefónicos y partió a vender las piezas de oro donde Ortega lo había llevado. Después de salir de la casa de compra buscó un teléfono de monedas y hojeando la agenda que llevaba consigo, encontró el número de su hermano Alberto, quien vivía en Canadá. Don Jacobo le explicó la situación de emergencia por la que estaban pasando y este accedió a recibirlos en su casa mientras encontraban algún lugar para establecerse. Al terminar esta llamada partió de inmediato al aeropuerto y compró cinco boletos para el primer vuelo a Calgary que partía en cuatro horas. Al llegar a su casa, don Jacobo encontró a sus hijos en la sala muy felices de verlo, ya que no lo habían visto en todo el día anterior, estos, corrieron a abrazarlo y le agradecieron por no llevarlos a la escuela.

—Hijos —les dijo don Jacobo—, la razón por la que no fueron a la escuela hoy es porque nos vamos a vivir con su tío en Canadá por un tiempo, les platicaré los detalles cuando estemos con su tío, por favor no me cuestionen antes porque no daré ninguna explicación, por cierto ¿en dónde está su madre?

—Se fue a casa de mi compañera Andrea para pedirle la tarea a sus padres, ya que, como hoy falté a la escuela, mi mamá no quería que me atrasara —contestó Julia.

—¿De verdad? —preguntó don Jacobo y añadió—: es la primera vez en la vida que veo a tu madre preocupada por los asuntos de tu escuela. Ahora todos, pongan las cosas que les pedí en la cajuela del auto y suban, iremos a recoger a su madre a la casa de Andrea después de dejar a su abuela con la tía Sofía.

Al llegar a casa de esta, don Jacobo les pidió a sus hijos:

—Despídanse de su abuela y su tía porque no las verán en un tiempo, la abuela se quedará con la tía Sofía, no puede venir con nosotros por sus problemas del corazón.

Don Jacobo y sus hijos abrazaron a la abuela y a su tía y lloraban por la separación, don Jacobo dejó el restaurante y su casa en manos de su hermana, después de esto, él y sus hijos fueron por doña Ana a casa de Andrea. Cuando llegaron, don

Jacobo y sus hijos quedaron impresionados por el tamaño de aquella gran casa que tenía una fachada muy lujosa.

—¿Acaso nos trajiste a la casa del presidente? —preguntó don Jacobo a Julia bromeando.

A continuación, observaron que la puerta de la casa estaba abierta. Don Jacobo le pidió a Julia que bajara por su madre y la apresurara, ya que no podían perder más tiempo. Al cabo de un minuto Julia salió llorando de la casa de su compañera, y, corriendo, regresó con su padre al auto, detrás de ella venía doña Ana tratando de alcanzarla.

—¡Papá! ¡Mi mamá estaba con el papá de Andrea!, se estaban besando en el sillón de la sala —gritaba Julia a los cuatro vientos.

—Sube al auto, Julia —ordenó don Jacobo—, déjame hablar a solas con tu madre.

Don Jacobo salió del auto, comenzó a sudar y se alejó un poco del auto para que sus hijos no escucharan lo que estaba a punto de decir, respiró profundamente cuatro veces, miró a su esposa fijamente a los ojos, y le dijo:

—Esta es la decisión más difícil que voy a tomar quizás en mi vida, pero es por mis hijos, no es por mí en absoluto, y mucho menos por ti, por ahora, puedo hacer un lado esto que acaba de pasar, ya que, como te dije, es urgente que salgamos de México por un tiempo porque corremos peligro aquí, tengo ya los boletos de los cinco para ir con mi hermano Alberto a

Canadá, no vi que prepararas tus cosas, y ya no hay tiempo para eso, ¿vienes con nosotros o te quedas aquí?

Doña Ana comenzó a llorar y, pidiendo perdón, le dijo a su esposo:

—Sé lo que debes pensar de mí, te hago saber que él está separado y a punto de divorciarse. Esto no es algo que haya surgido de la nada, Jacobo. Quizás no puedas entenderlo, pero desde que yo era niña he soñado con un trato así por parte de un hombre, es algo que simplemente necesitaba desde hace mucho tiempo.

—¿Y seguro que el dinero de este hombre no tiene nada que ver con tus fantasías de niña? —preguntó don Jacobo interrumpiendo.

—No, Jacobo, es algo que no podrías entender porque eres hombre. Gracias por la oferta de irme a Canadá con ustedes, a pesar de esto, pero en realidad, no es mi deseo y en parte, no lo merezco. Espero que me perdones algún día —exclamó doña Ana.

Don Jacobo, le dio la espalda y dijo:

—Si necesitas la casa, pídele las llaves a Sofía.

Al subir al auto, les pidió a sus hijos algo que le destrozó el corazón decir:

—Hijos, despídanse de su madre.

Todos en el auto rompieron en llanto mientras bajaban para despedirse de esta.

Camino al aeropuerto, Julia estaba inconsolable y don Jacobo temía por que algo le pasara, se detuvo en un estacionamiento y, bajando del auto, abrió la puerta trasera para tratar de consolarla.

—Hija, por favor, deja de llorar así, todos estamos muy tristes, no eres la única, nos rompes el corazón a tus hermanos y a mí, por favor, trata de ser fuerte, cuando lleguemos a Canadá te sentirás mejor, ya verás los paisajes increíbles que hay en Calgary —decía don Jacobo—. Podrás ver a tu madre en quizás menos de un año que regresemos.

—No solo es por mi mamá que lloro —dijo Julia, y añadió—: hay alguien de quien no me despedí.

—¿Es Gilberto? —preguntó don Jacobo.

—Tú sabes que sí, afirmó Julia.

Y volteando a ver su reloj de pulso, don Jacobo dijo:

—Quizás perdamos el vuelo, pero creo que aún hay tiempo y ellos viven cerca de aquí, vamos.

En ese momento Julia dejó de llorar y sonrió para tranquilizar a su padre y a sus hermanos. Don Jacobo se desvió del camino al aeropuerto para ir a la casa de Gilberto, en menos de diez minutos estaban fuera de su casa.

—Adelante, hija, baja a despedirte, es probable que estén en casa —dijo don Jacobo mientras veía el rostro lloroso de Julia por el espejo retrovisor del auto.

Cuando Julia bajó del auto secó sus lágrimas con su suéter y se dirigió a la puerta, recordó cuando el taxista le hizo pedirle dinero a la madre de Gilberto aquel día que se escapó de la casa de Andrea para verlo, también, recordó aquel aroma que despedían las flores que la mamá de Gilberto tenía en la entrada, todo lo recordaba con mucho cariño y nostalgia y a la vez sentía mucho temor de no volver a ver aquel lugar en mucho tiempo. Esperó unos segundos después de tocar el timbre y salió el señor Fernando, padre de Gilberto, a recibirla.

—Hola de nuevo, Julia, ¿es Jacobo el que está allá afuera? —preguntó el señor Fernando.

—Sí, son mi papá y mis hermanos —respondió Julia.

—Por favor, hazlos pasar —pidió el señor Fernando.

—Con gusto —le decía Julia mientras traía a su padre y a sus hermanos para que pasaran a la casa.

Al entrar, don Jacobo abrazó a su amigo y por toda la tristeza que llevaba dentro le fue imposible contener las lágrimas. El señor Fernando, al darse cuenta de que don Jacobo estaba muy mal emocionalmente, lo consoló y lo hizo pasar al cuarto donde veían la televisión, también, invitó a Eric y a Carlos a sentarse en la sala y le dijo a Julia:

—Gilberto está en su habitación escuchando música, tócale fuerte para que te oiga, tu papá y yo estaremos en el cuarto de la televisión —agregó.

—De acuerdo, gracias —respondió Julia, quien se quedó parada en el recibidor de la casa mientras que sus hermanos pasaban a sentarse en la sala.

Eric y Carlos estaban tan tristes por su madre que no le hicieron ningún tipo de burla a Julia. Al mirar de lejos el fondo del pasillo, Julia pudo notar una puerta que estaba adornada con la portada del álbum Abbey Road de The Beatles y pensó: Seguro esa es la habitación de Gilberto, no creo que sea la de sus padres. Así que caminó hacia el fondo del pasillo y comenzó a escuchar una música de piano a todo volumen, la melodía era tan hermosa y relajante que se quedó a esperar fuera de la puerta a que terminara para poder tocar, al terminar esta, Julia tocó dos veces la puerta. Gilberto, pensando que eran sus padres, gritó con confianza:

—¡Pásale!

Así que Julia abrió la puerta y al ver a Gilberto se apresuró a abrazarlo y desahogándose por lo ocurrido con su madre y demás acontecimientos, comenzó a llorar en sus brazos, incluso mojó con sus lágrimas la camisa de franela de Gilberto.

—Es obvio que algo te ha ocurrido —dijo Gilberto—, puedes seguir llorando hasta que te sientas mejor —agregó.

Mientras permanecían abrazados, Julia comenzó a calmarse y le dijo:

—Tu música es hermosa, ¿cómo se llama lo que escuchabas, la música de piano?

—Es la Consolación número tres de Liszt, tiene el poder de hacerme sentir mejor cuando me siento deprimido, aunque me haga llorar en ocasiones, en verdad me ayuda, —respondió Gilberto.

—Entonces, ¿también estabas triste? —preguntó Julia.

—Sí, extrañaba a alguien —contestó Gilberto.

Mientras aún se abrazaban, Julia continuó:

—Tengo que decirte tres cosas muy desagradables y la cuarta es una confesión. La primera es que nos vamos a Canadá en unas horas. La segunda es que hoy vi a mi mamá besar a un hombre que no es mi papá y no vendrá con nosotros. La tercera es que escuché a mi papá decirle a mi mamá que ya no tenemos dinero. Y la cuarta es que todo esto me ha hecho desear estar contigo como no tienes idea, y, por cierto, mentí, también me gustas mucho, no te lo dije porque estaba muy confundida.

Y mientras terminaba de decir estas cosas, Julia lo volteó a ver a los ojos y comenzó a acercarse a su rostro, ambos se acercaron hasta que comenzaron a besarse en los labios. Después de unos segundos, Gilberto le dijo:

—Espera, yo solo te veo como una hermana menor.

Ambos soltaron la carcajada y siguieron besándose.

—Espera —dijo de nuevo Gilberto emocionado—, tengo algo para ti, y sacando la pulsera azul que don Jacobo le había regresado, se la amarró en la muñeca a Julia, quizá deberías cubrirla si tu papá está cerca. —Reía.

Julia, un tanto decepcionada de su padre, le dijo a Gilberto:

—Espero que no te haya hecho pasar un mal rato, perdónalo.

Después de esto, Julia le dijo:

—Ven con nosotros a Canadá, vamos a necesitar a alguien que nos ayude a levantar un negocio y tú eres muy buen trabajador. Solo estaremos por un tiempo —aseguró Julia.

Al oír esto, Gilberto comenzó a meditar en ello y la idea le gustó.

—Lo malo es que por ahora no tengo dinero para el boleto de avión ni hospedaje —dijo Gilberto.

—Por eso no te preocupes, seguramente podremos cambiar el boleto que era de mi mamá para ti —dijo Julia—. Vamos a decirles a nuestros padres.

Ambos entraron al cuarto de la televisión donde estaba el señor Fernando y don Jacobo y les propusieron la idea.

—Gilberto, me parece una idea estupenda —dijo don Jacobo—, pero antes les debo una disculpa a ti y a tus padres por haberte tratado mal, eres el mejor chico que he conocido, espero que puedan perdonarme, hace unos días yo era una persona completamente diferente, les aseguro que he cambiado y pienso enmendar mis errores. Si lo que quieres es irte con nosotros eres más que bienvenido, y, de hecho, voy a necesitar manos hábiles como las tuyas, háblalo con tus padres, desafortunadamente, no hay mucho tiempo, pero les daremos privacidad para que lo consideren —agregó don Jacobo.

Y llamando a su esposa, el señor Fernando la hizo venir. Después de saludar a la familia Herrera, la madre de Gilberto entró con su esposo y su hijo para ayudarlo a tomar aquella decisión. Al explicarles Gilberto la propuesta que le hicieron los Herrera, la señora Ruth le preguntó a Gilberto:

—No tengo problema si quieres ir a Canadá, después de todo, ya eres mayor de edad y ya terminaste la escuela, pero nos dijiste hace unos días que esta muchacha te lastimó mucho, y, ¿ahora te quieres ir con ellos?, explícate.

—Mamá —continuó Gilberto—, ella siempre me ha querido, su padre y su madre trataron de confundir sus sentimientos, pero ahora estoy convencido de que me quiere y yo a ella. Sé que somos muy jóvenes, pero ustedes eran más jóvenes que nosotros cuando empezaron a salir.

—Eso fue en otra época —exclamó el señor Fernando.

—Sé que quizás es una decisión apresurada —aseguró Gilberto—, pero debo tomarla, de otro modo, me podría arrepentir por no estar con quien podría ser mi alma gemela.

—¡Cálmate, alma gemela! —Se reía su padre—. Quien agregó: te veo seguro de lo que quieres hacer, eso es todo lo que yo necesitaba saber para apoyar tu decisión, te daré el dinero que tengo ahorrado, si llegarás a necesitar cualquier cosa, sabes el número de tu casa.

—Yo pienso igual que tu padre —dijo la señora Ruth—, nos harás mucha falta aquí, pero, por otro lado, nos vendrá bien rentar tu habitación —bromeaba.

Con algunas lágrimas en los ojos, sus padres lo abrazaron y lo ayudaron a preparar rápidamente su equipaje. Al darles la noticia a los Herrera estos estaban encantados de oírlo, de alguna manera esto les ayudaría a olvidar un poco lo que había pasado con doña Ana. Don Jacobo, sus tres hijos y Gilberto viajaron a Calgary con gran parte del dinero del oro, el resto lo había dado don Jacobo a su hermana Sofía. Al cabo de dos meses ya habían puesto un restaurante en la ciudad. Dos años más tarde don Jacobo regresó a México, donó el oro y dinero que había en la caja fuerte del tío a casas de beneficencia, también visitó al señor Natividad, quien le dijo que los hijos del señor Javier habían muerto en un enfrentamiento, por lo que ya no corría peligro. También le entregó las escrituras del rancho, ya que el tío Daniel había puesto a don Jacobo como único heredero de este, debido a su edad, el señor Natividad le pidió a don Jacobo que se encargara de la mina, ya que él necesitaba descansar. Don Jacobo aceptó y construyó una casa cerca de esta para mudarse. Meses más tarde, Eric y Carlos regresaron a México para quedarse con su padre quien les propuso trabajar en la mina con él, ellos aceptaron. Julia y Gilberto se quedaron en Canadá, después de un año de ser novios se casaron y juntos se quedaron a cargo del restaurante. Doña Ana se casó con el padre de Andrea y un par de años después buscó a sus hijos para pedirles una disculpa por lo que había hecho, estos la aceptaron incluyéndola de vuelta en sus vidas, después de todo, era su madre.

Algo fascinante que tiene la vida es que tan solo un pequeño momento es capaz de cambiar todo el resto de una vida.

Alguien podrá tener mucho oro, pero a menos que no tenga humildad, no tendrá grandeza.

En ocasiones, ser generoso puede ser más satisfactorio que recibir una gran herencia.